전쟁과 군복의 역사

쓰지모토 요시후미 지음
쓰지모토 레이코 그림
김효진 옮김

AK TRIVIA BOOK

머리말

먼저, 군복도 '패션'이라는 점을 이야기하고 싶다. 국가의 위신이 걸린 군복도 패션의 한 분야인 것이다. 시대에 따른 유행이 있는 것이 당연하다. '유행색'도 있다. 물론, 일반 기성복처럼 계절마다 새로운 유행이 등장하지는 않는다. 하지만 수십 년 단위로 '군복의 유행'이 새롭게 바뀌고 있다.

각 시대의 군복의 주류가 되어 타국에까지 영향을 미친 것은 '당대의 가장 강력한 군대'의 군복이다. 또한 동맹국 간에도 서로 영향을 주고받는 것이 일반적이다. 그만큼 군복은 매우 정치적이며 국제 관계를 반영하는 것이기도 하다.

이 책에서는 그러한 군복에 대해 역사의 변천을 바탕으로 소개하고자 한다.

세계의 군복을 연구한다는 것은 무엇이든 연구 대상이 된다는 말이다. 미군, 소련군, 나치 독일군, 구 일본군, 중국 인민해방군, 조선 인민군 모두 연구의 대상이며 이념과는 전혀 관계가 없다. 더 오랜 과거의 시대 이를테면 고대 수메르, 고대 그리스, 고대 로마의 병사들은 물론 아스텍 왕국이나 잉카 제국의 전사들 혹은 일본 무사들의 갑옷과 도검 같은 것들도 모두 연구 대상이다.

내가 연구하는 분야는 일본의 대학이나 연구 기관에는 널리 보급되지 않은 용어로 생각되는 유니포몰로지(Uniformology)이다. '제복학', '군장사학'이라는 의미이다. 역사학의 한 분야로, 역사 보조학(Auxiliary sciences of history)으로 분류되며 ①제복 ②훈장 ③개인 장비품 연구를 포함한다. ①제복이란 예복, 정복, 전투복. 작업복, 특수 피복(비행복 등)으로 나뉘며 여기에는 정모(正帽), 약모(略帽), 군화. 계급장도 포함된다. ②훈장은 상의 가슴 부분에 다는 장식품(decoration) 전반을 가리키며 더 자세히 분류하면 훈장(order), 기장(medal), 휘장(badge) 등이 있다. ③장비품에는 벨트, 탄띠, 탄낭, 배낭, 소총, 총검, 도검 등의 개인 장비가 포함된다. 한편 화포, 전차, 함정과 같은 중장비는 직접적으로 다루지 않는다.

외국에서는 일반 대학의 역사학과 외에도 예술 대학(패션, 아트), 군사 대학(국방 대학이나 사관학교) 및 부속 연구기관 등에서 연구되고 있는 분야로 방대한 전문 서적도 존재한다. 철저한 역사 고증을 바탕으로 정밀한 인형이나 모형을 제작하는 성인들의 취미 활동도 활발하다. 나폴레오닉 연구(나폴레옹 전쟁 시대의 역사와 군장 등의 연구)도 인기가 높고 과거 시대의 의상을 재현한 역사 재현(Reenactment) 애호가들도 많은 등 기초 연구의 저변이 넓다.

서양에서는 고대 갑옷의 시대부터 현대에 이르기까지를 일관된 '군장의 역사'로 다룬다. 막부 말기와 패전으로 인한 두 번의 역사 단절을 경험한 일본과는 사정이 다르다. 다시 말해, 일본에서는 전국 시대의 무장들에 관한 연구와 근대 군인에 관한 연구가 완전히 이질적인 것으로 여겨지지만 서양에서는 카이사르나 한니발 그리고 현대의 군인을 같은 범주로 생각한다.

일본에서는 특히, 메이지 시대(1868~1912년) 이후 일본 육해군의 군장이 잊힐 위험성이 높아지고 있다. 하물며 전후 자위대 복제(복장의 제도 및 규칙)의 변천조차 잊혀 가는 듯한 현 상황이 우려스럽다.

이전에도 이런 장르의 서적을 출간한 바 있는데 주로 복식사 분야와의 관련성에 중점을 둔 내용이었다. 즉, 일반 신사복과 제복의 역사의 관련성을 중시함으로써 복식학계 연구에 이바지할 것을 전제로 한 것이다.

하지만 이번에는 30년 전쟁(1618~1648년) 시대 스웨덴군에서 근대적인 군복이 등장한 1620년대 이후의, 각 시대의 전쟁사와 군복의 변천을 중심으로 삽화를 곁들여 이야기를 풀어나가기로 했다. 근대 군복은 유럽에서 탄생해 세계로 보급되었기 때문에 내용적으로는 서구 중심의 기술이 되었다. 또 역사적인 회화 작품, 사료 사진 이외의 모든 삽화는 쓰지모토 레이코의 작품이다. 이 책을 위해 다수의 삽화를 새로 그렸다.

우리의 의도가 독자 여러분께 조금이라도 전해질 수 있다면 그보다 더한 기쁨은 없을 것이다.

※편집부: 컬러 삽화와 흑백 삽화의 도판 번호의 순서가 뒤바뀐 부분이 있는 점 양해 부탁드립니다.

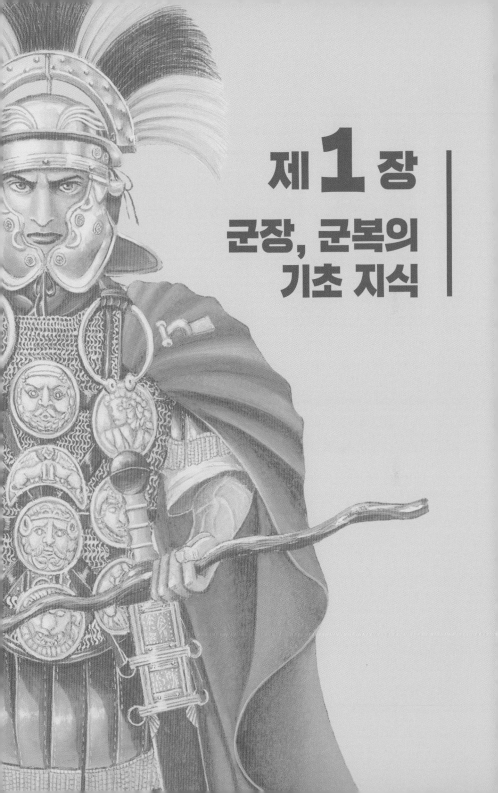

제1장
군장, 군복의 기초 지식

❧ 군복이란 무엇인가

가장 먼저 군복과 군장에 대한 기초 지식을 정리해보고자 한다.

군복이란 무엇일까. 그 정의와 의미를 살펴보자.

제네바 조약(1864년) 및 헤이그 육전 조약(1899년)의 규정에 의하면, 군복을 입은 자는 교전 상대국에 사로잡혀도 포로로서 보호를 받는다. 사복을 입은 자는 간첩, 테러리스트로 간주해 처형될 가능성도 있다. 군복이란, 국가가 군율(Regulation)로 정한 복제로 법적인 근거하에 지급하는 피복이다. 조약상 '멀리서도 알 수 있는 명확한 휘장'을 부착해야 한다. 장교 등이 관급품이 아닌 개인적으로 주문해 구입하는 경우에도 그 국가의 제복에 준하는 것이어야만 한다.

예컨대, 일본의 육상 자위대는 '군대'가 아니지만 국제법상 군대에 준하는 조직으로 간주한다. 2018년부터 착용한 16식 정복(그림 1-1)은 계절에 따라 '동(冬)정복, 하(夏)정복 1종, 2종, 3종' 등으로 구분되며 착용 방법, 계급장 및 휘장을 다는 위치, 모자, 넥타이, 군화 그 밖에 우의, 외투 등의 코트류가 정해져 있다. 또 정복 관련 복장으로 '예복 1종(갑, 을), 예복 2종, 특별 의장복, 특별 연주복, 연주복, 간이 점퍼, 간이 스웨터' 등이 있으며 여성 대원용 '임부복'도 정해져 있다 (그림 1-2-1, 2, 3). 상세한 부분까지 자위대법 및 관련 규칙에 의해 법적으로 규정되어 있는 것이다. 국가가 규정한 군율에 따른 복장이 국제적으로 통용되는 군복이며, 자위대의 제복도 이에 준하는 취급을 받는다.

자위대 규정과 같이 현대 군대에서는 퍼레이드나 행사 때 입는 ① 예복, 일상적인 근무 등에 입는 ②정복(근무복), 야전 등에서 착용하며 흔히 위장 무늬 등이 그려진 ③전투복, 최소한 이 세 종류를 제정하는 것이 일반적이다.

✤ 군율과 군복의 제식 연도

제복학에서 특히 중요한 것이 군복의 규정을 조사하는 일이다. 각국에서 복장 규정을 정하게 된 것은 17세기 후반부터 18세기 초이다. 이후 몇 년부터 몇 년까지 그 군복이 이용되었는지를 밝히는 것이 중요한데 근거가 되는 명문 규정이 있는 경우는 그 규정을 최대한 찾아내야 한다. 예컨대, 프랑스 육군은 1661년 무렵, 영국 육군은 1706년에 처음 군율이 제정되었다.

19세기 이후의 근대적 군복은 일반적으로 제정 연도에 따른 명칭이 붙는다. 실제 어떻게 불리었는지보다는 편의상 통칭으로 부르는 경우도 있다. 예를 들면, 독일 육군이 제2차 세계대전이 임박한 1936년 채용한 군복은 1936년 모델이라는 의미에서 M1936으로 통칭하며(그림 1-3) M36 등으로 줄여 부르기도 한다. 가령 1945년 종전 직전의 독일 병사가 이 M36 군복을 입고 있다면 베테랑 병사가 고참이라는 것을 과시하기 위해 오래된 군복을 입었다고 생각할 수 있지만, 1939년 막 전쟁이 시작되었을 때 이후 등장한 M44를 입고 있는 것은 타임머신을 타고 과거로 돌아온 것이 아니라면 절대 있을 수 없는 일이다.

제복이 개정된다고 해도 어느 시점부터 일제히 새로운 제복으로 교체되는 일은 드물다. 예산과 생산력의 제약이 있기 때문에 새로운 유니폼을 도입해도 모든 병사가 신형 제복으로 교체되기까지는 상당한 시간이 걸린다. 2007년 미 육군에서 정복을 개정한 당시에도 구형 제복이 완전히 사라진 것은 2015년이었다. 당연히 과도기에는 신구 제복이 혼재되어 있었다. 또 생산 속도가 따라가지 못하는 경우, 구식 제복에 신형 계급장을 달거나 반대로 신형 제복에 구식 계급장을 다는 일도 흔히 볼 수 있다. 규정이 새롭게 바뀌었다고 해서 제정 연도 이후에 구식 군복이나 휘장을 단 모습이 잘못되었다는 식의 지적은 실정을 모르는 사람이 빠지기 쉬운 오류이다.

한편, 일본 육군 군복의 제식 연도에는 독특한 명칭이 있다. 당시의 정의에 따르면, 상의는 군의(軍衣), 바지는 군고(軍袴)라고 부르며 상하 한 벌을 군의고(軍衣袴)라고 칭했는데 이것이 이른바 '군복'이었다. 궁중(宮中)에서 치러지는 의식용 대례복인 정의(正衣)와 정고(正袴)를 정복(正服)이라고 칭했는데 이는 엄밀히 말하면 '군복'은 아니다. 정복을 입는 것이 정장(正裝), 군복을 입는 것이 군장(軍裝)이며, 정장과 군장의 중간에는 정장을 간소화한 예장(礼裝), 군복에 장식을 더한 통상 예장 등이 존재했다. 다만, 이 책에서는 각종 복장을 통틀어 일반적인 군인의 복장이라는 의미에서 군복이라고 부르기로 한다.

메이지 45년(1912년)에 제정된 군의는 45식, 쇼와 5년(1930년)에 제정된 군의는 쇼와 5식 등으로 일본의 연호를 붙여서 부른다. 다이쇼 시대(1912~1926년)에는 커다란 개정이 없었기 때문에 당시의 연호가 붙은 군복은 존재하지 않는다. 그 후, 쇼와 10년대에는 진무 천황이 즉위한 기원전 660년을 황기 원년으로 환산하는 황기(皇紀)가 보급되었기 때문에 이를 바탕으로 98식 군의, 3식 군의 등으로 통칭하게 되었다. 1940년(쇼와 15년)이 황기 2600년에 해당하기 때문에 98식은 2년 전인 1938년(쇼와 13년, 황기 2598년)에 제정되었다는 의미이다. 3식 군의란, 1943년(쇼와 18년, 황기 2603년)에 제정되었다는 의미이다. 그밖의 무기의 명칭 역시 마찬가지인데 가령 일본 해군의 레이센(0식 함상전투기)은 황기 2600년에 제식화된 전투기이며, 육군의 1식 전투기 '하야부사'는 황기 2601년에 등장했다는 의미이다. 한편, 육군의 소총으로 유명한 38식 보병총은 황기 보급 이전의 연호를 붙인 것으로, 메이지 38년에 제식화되었다는 의미이다.

전후, 일본의 자위대에서는 제정 연도를 서기로 표기하게 되었으며 육상 자위대의 경우, 제복 개정 때마다 58식, 70식, 91식 정복 등으로 통칭했다. 2018년 착용을 개시한 제복이 18식이 아니라 16식이라고 불리는 것은 2016년 제식화 결정이 있었지만 양산 준비 및 관련 복장 제정 등의 사정으로 실제 지급되기까지 시간이 걸렸기 때문이다.

일본군에서는 예컨대, 38식을 '삼십팔식'이 아니라 '삼팔식', 98식은 '구십팔식'이 아니라 '구팔식'으로 읽는 관습이 있었다. 이것은 전후 자위대에서도 답습되어 91식은 '구일식', 16식은 '일육식'으로 부른다. 전차 등도 90식 전차는 '구공식', 10식 전차는 '일공식'이라고 부른다.

✤ 군복의 아이템과 그 역사

군복의 디테일에는 다양한 의미와 역사적인 배경이 존재한다. 일반 패션과 큰 차이가 있다면 한 시대에 우연히 탄생한 것이 아니라는 점이다.

여기서는 먼저, 일본 육상 자위대의 16식 정복을 예로 들어 각각의 아이템에 담긴 역사적 배경을 해설한다.

❶정모(관모)

신체의 가장 위쪽부터 설명하면 '정모'(그림 1-4)가 될 것이다. 정식 모자라는 뜻의 '정모(正帽)'는 늦어도 1871년에는 일본 육군의 용어로 등장했다. 정식 유니폼인 정복과 일상용 또는 전투용에 사용하는

✤ 그림 1-4: 정모

✤ 그림 1-1: 육상 자위대 16식 정복 남성용(왼쪽)과 여성용

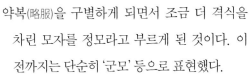

약복(略服)을 구별하게 되면서 조금 더 격식을 차린 모자를 정모라고 부르게 된 것이다. 이전까지는 단순히 '군모' 등으로 표현했다.

일본에서는 바깥쪽으로 크게 튀어나온 독특한 모자를 흔히 '관모'라고 부른다. 경찰관, 자위관 등 관직에 종사하는 사람들의 제모(制帽)로 널리 쓰였기 때문이다. 일본의 자위대를 비롯해 세계 각국의 군인, 경찰관, 철도원, 경비원, 선원, 항공 회사 직원 등이 착용한다.

이런 모자를 영어권에서는 피크트 캡(Peaked cap), 독일어권에서는 쉬르뮤츠(Schirmmütze)라고 부른다. 모두 '차양이 달린 모자'를 뜻한다. 본래는 차양이 없는 모자가 원형으로, 그 기원은 르네상

✤ 그림 1-5:
로마 교황의 '어부의 반지'

❖ 그림 1-2-2: 연주복
(지휘자용)

❖ 그림 1-2-3: 임부복

❖ 그림 1-2-1: 육상 자위대
예복 2종(하복)

스 시대로까지 거슬러 올라가 성직자들이 썼던 모자에서 유래했다.

당시 성직자들이 쓴 이 모자는 성인이나 천사의 머리 위에 나타나는 후광을 표현한 것으로 생각된다. 로마 교황의 반지를 보면 원형 디자인을 이해하는 데 참고가 될 수 있다. '라틴어로 아눌루스 피스카토리스(Annulus Piscatoris)라고 하는 '어부의 반지'이다(그림 1-5). 어부였던 성 베드로(33?~67?)는 예수를 배에 태운 후 최초로 그의 제자가 되었다고 한다. 이 베드로가 초대 로마 교황이 된 이후부터 후대 교황들은 베드로의 후계자라는 의미로 어부의 반지를 착용하게 되었다. 그 반지를 자세히 보면 머리보다 더 크게 튀어나온 모자를 쓴 것처럼 보인다. 하지만 이것은 모자가 아니라 성인을 나타내는 둥근 빛 이른바 천사의 후광이다.

어부의 반지가 교황의 아이템이 된 것은 13세기경이었을 것으로 여겨진다. 그리고 15세기 르네상스 시대가 되면서 이 디자인을 모방한 듯한 모자가 성직자의 무자로 크게 유행했다. 일반 시민들까지 이런 모자를 쓰게 되면서 특히 이탈리아에서 대유행했다(그림 1-6, 7).

✤ 그림 1-6: '차양이 없는 모자'를 쓴 이탈리아의 화가 안드레아 만테냐(1431~1506년)의 초상

✤ 그림 1-7: '차양이 없는 모자'를 쓴 코시모 데 메디치(1389~1464년)의 초상

이후로는 주로 대학생이 쓰는 모자로 유럽 전역에 퍼졌다. 그중에서도 가장 깊이 정착한 것이 지금의 독일이다. 독일 대학교의 학생 단체들은 각 단체마다 특정 색상의 제모를 쓴다. 독일에서는 지금도 공식 행사 등에서 이런 학모를 쓴 졸업생들의 모습을 볼 수 있다. 이런 관습은 현대의 학생 단체가 생겨나기 이전의 봉건적인 영방 단위의 학생 단체 시절부터 있었던 듯하다.

전기는 나폴레옹 전쟁(1799~1815년) 때 찾아왔다. 1806년 독일의 중핵 국가 프로이센 왕국의 군대는 허무하게 나폴레옹 군에 항복하고 말았지만 그 후로도 수많은 애국 의용군이 결성되면서 학모를 쓴 학생들이 지원했다. 1813년 징병제를 기반으로 구성된 국민군 '란트

✤ 그림 1-8: 프로이센군
의 블뤼허 원수. 1810년
대의 모습으로, 이때 이미
쉬르뮤츠를 쓰고 있다(에
밀 휜텐 작, 1863년).

베어'에서 이 학모를 기본형으로 한 군모를 채용했다. 당시의 군모는
프랑스풍의 이각모나 샤코(Shako, 원통형 모자)가 일반적이었으며 프
로이센군에서도 이를 채용했었다. 루이 14세 때부터 나폴레옹 시대
까지 프랑스는 최강의 육군국으로 17세기부터 19세기에 걸쳐 유행
의 중심은 줄곧 프랑스였다. 하지만 애국의 상징인 이 신형 군모는
프로이센군 장성들까지 즐겨 쓸 만큼(그림 1-8) 전쟁 기간 동안 완전
히 정착했다.

유행은 세계 각국으로 퍼져 19세기 말에는 경찰이나 철도원 등 군 이외의 조직에서도 이를 모방한 디자인을 채용해 오늘에 이르렀다. 이 모자는 일찍이 독일과 당시의 동맹국 러시아에 널리 보급되었기 때문에 독일, 러시아계 아이템이라는 인상이 있다. 프랑스 육군에서는 지금도 이런 모자를 절대 쓰지 않고 샤코의 높이를 낮게 만든 케피(Képi) 군모를 쓰는 점이 흥미롭다.

❷ 견장

어깨에는 견장을 부착한다. 어깨에 띠를 부착하는 것은 일찍이 17세기 후반 루이 14세 시대의 프랑스군의 복장에서 볼 수 있다. 장비품을 고정하기 위한 실용적인 아이템이었을 것으로 생각된다. 견장을 계급장으로 사용하는 것 역시 프랑스에서 시작되었다. 에폴렛(epaulette, 그림 1-21의 어깨 부분의 장식)이라고 불리는 것으로 본래는 갑옷의 어깨 부분에 대는 방어구가 원형이다. 왕정 시대 말기인 1759년 육군 대신 샤를 푸케 원수가 계급장으로 사용하도록 제정했다. 당시 프랑스는 세계 최강의 육군국이었기 때문에 타국에도 영향을 미치며 1760년에는 영국 육군, 1780년에는 미국 육군, 1806년에는 프로이센 육군, 1807년에는 러시아 육군 등에서 잇따라 도입했다.

하지만 시대의 변천에 따라 다소 과장된 견장이 실전용으로 적절치 않다는 인식이 생겨났다. 프로이센군에서는 1866년부터 장교의 정복에 매듭 끈을 이용한 약식 견장을 사용했다. 매듭 끈 장식은 고대의 켈트인들이 사용한 이래 유럽에서는 전통적인 장식품이었다. 이 독일식 견장은 1886년 일본 육군에도 도입되어 정복, 예복에 사

✤ 그림 1-9: 일본 육군 자위대의 예복 견장

용되었다. 오늘날 육상 자위대에서도 예복용 견장으로 이런 형식의 견장을 사용한다(그림 1-9). 프로이센에 도입된 당초에는 '약식'으로 사용되었다는 점이 흥미롭다.

그 밖의 나라에서는 19세기 중반부터 야전복이나 정복에 '판형 견장' 또는 '스트랩형 견장'을 사용했다. 미군과 일본군은 독특한 세로형 견장을 채용했다.

❸ 넥타이

넥타이(그림 1-10)가 군장 특유의 아이템이라고 하면 놀라는 사람도 많을 테지만 실은 넥타이야말로 틀림없는 군복용 아이템이라고 할 수 있다. 목에 감는 스카프형 장식의 원형은 고대 로마 군단의 병사가 목에 감았던 포칼레(focale, 그림 1-11)로 오늘날 신사복 역사의 정설로 정착했다. 당시 로마군의 투구는 목을 감싸듯 돌출된 형태로,

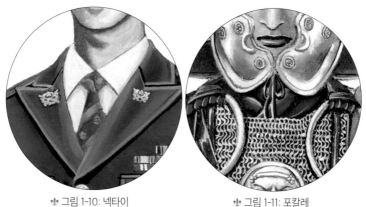

✤ 그림 1-10: 넥타이　　　　✤ 그림 1-11: 포칼레

목덜미의 접촉이나 마찰을 완화하기 위해 감았을 것으로 보인다.

　로마 군단이 침략한 지역 중 하나인 다키아에 로마인들이 입식했다. 이 지역은 훗날 '로마인의 나라'라는 뜻의 루마니아라고 불리게 된다. 세월이 흘러 1633년경(연대를 추정하는 다른 설도 존재한다) 루이 13세 시대에 루마니아의 주변국 크로아티아의 의용군(그림 1-12)이 프랑스군에 참가했다. 그들은 목에 스카프를 감고 있었다. 고대 로마 이래의 전통이 1500년 이상 크로아티아에 남아 있었을 것이라는 설이 있다. 그 밖에 페르시아에서 탄생한 스카프가 그들의 자손인 크로아티아인들에게 계승되었을 것이라는 설도 있다. 어쨌든 프랑스에서는 크로아티아인들의 것이라는 의미의 '크라바트(cravat)'라고 불리게 되었다. 지금도 프랑스에서는 넥타이를 크라바트라고 부르며, 이탈리아에서는 크라바타라고 하는데 그 어원은 크로아티아에서 유래했다.

　루이 14세 시대에는 프랑스의 신사복 전반에 보급되었을 뿐 아니

❋ 그림 1-13: 스탠드칼라 군복

❋ 그림 1-12:
크로아티아 의용군

라 군인의 표준
장비로 타국에
까지 유행이
전파되었다. 하지
만 나폴레옹 전쟁 중인
1814년 프로이센군에서 방풍 및
바른 자세 유지를 이유로 옷깃
을 세워 후크로 여미는 스탠드칼라 스타일의 군복(그림 1-13)이 도입
되었다. 이 스타일은 나폴레옹 전쟁 이후 세계적으로 유행해 19세기
중반에는 스탠드칼라가 군복의 주류가 되었다. 그런 이유로 군인들
은 넥타이류를 사용하지 않게 되었다.

❧ 그림 1-14: 포 인 핸드 클럽의 사두마차. (제임스 폴라드 작, 1838년)

1850년대가 되자 영국 런던에서 4두 마차를 애호하는 동호인들이 오늘날과 같이 매듭을 만들어 아래로 늘어뜨리는 넥타이를 사용하기 시작했다. 이 동호회는 네 마리의 말을 마부 한 사람이 제어한다는 뜻에서 포 인 핸드 클럽(Four-in-hand club, 그림 1-14)이라고 불리었다. 그래서 오늘날 넥타이를 영어로 포 인 핸드 노트(Four-in-hand knot)라고 통칭한다. 고속 마차 동호회의 풍속이었기 때문에 당초에는 폭주족의 머플러와 같이 고상한 취급은 받지 못했다. 하지만 19세기 말에는 이런 형태의 넥타이가 시민들이 일상적으로 착용하는 넥타이로 일반화되었다.

제1차 세계대전이 시작되기 직전인 1914년 영국 육군이 처음으로 오픈칼라 상의에 넥타이를 착용하는 스타일을 장교의 군복으로 채

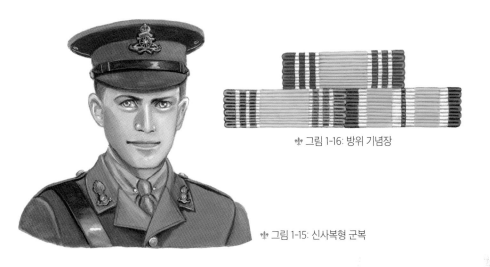

✤ 그림 1-16: 방위 기념장

✤ 그림 1-15: 신사복형 군복

용했다. 이른바 '신사복형 군복'(그림1-15)의 등장이다. 1930년 미 육군에서도 넥타이를 채용했다. 제2차 세계대전 이후에는 많은 나라의 군복이 스탠드칼라에서 오픈칼라에 넥타이를 매는 형태로 바뀌어 지금에 이르렀다.

❹훈장

자위관은 정복 제복의 왼쪽 가슴에 방위 기념장(그림 1-16)이라고 하는 리본 형태의 훈장을 단다. 자위대는 군대가 아니기 때문에 다른 나라처럼 군사 훈장은 달 수 없다. 그런 이유로 1982년 제도화된 것이 이 휘장이다.

훈장은 고대 로마 군단에서 탄생했다. 백인 대장급 장교가 팔레라(phalerae, 그림 1-17)라는 금속제 원반을 가슴에 다는 관습이 1세기 때 이미 존재했다. 그 사람의 전력(戰歷)을 나타내는 것으로 지금의 종

군휘장과 같다. 그러므로 훈장의 원조
는 로마 시대로 거슬러 올라갈 수 있
다.

십자군 시대인 12세기경부터 기
독교 수도회의 기사단이 문장(紋章)
을 제정하게 되었다. 기사단이란,
교황의 인가를 얻은 '기사 수도
회'로서 십자군을 지
지하는 군사적 단
체로 각 기사단을
상징하는 문장을 서코
트나 방패에 그려 넣었다.
당시의 투구는 머리를 완
전히 덮는 형태로, 한
번 투구를 쓰면 피
아 식별조차 불가
능했다. 이 문
장이 기사단
유니폼의 시
초로 '훈장(or-
der)' 제도의 기원이다.
오더란 '신→교황→기사단장→기
사'라는 종교적인 위계질서를 나

✿ 그림 1-17: 가슴에 팔레
라 장식을 단 백인대장

✤ 그림 1-18:
가터 훈장

✤ 그림 1-19:
푸어 르 메리테 훈장

✤ 그림 1-20:
철십자 훈장(1813년판)

타내는 말로, 기사단원의 표식으로 몸에 걸치는 문장도 오더라고 불렀다. 이것이 오늘날 훈장의 직접적인 기원으로, 잘 알려진 독일군의 철십자 마크도 12세기 말 독일 기사단의 문장으로 등장했었다.

십자군의 종언 이후 신과 교회가 아닌 황제와 국왕이 중심이 된 세속 기사단이 탄생해 기사단을 이끄는 군주가 기사단 일원에게 하사하는 회원증과 같은 의미의 메달이 등장했다. 백년 전쟁(1337~1453년) 초기인 1348년 영국의 왕 에드워드 3세가 조직한 가터 기사단의 '가터 훈장'(그림 1-18)이 그 최초의 예로, 현재도 영국의 왕과 여왕을 군주로 받드는 기사단의 최고위 훈장이다.

그러한 배경이 있었던 만큼 당초에는 왕의 인정을 받은 기사만 받을 수 있었으며 그 신분은 당연히 왕족이나 귀족뿐이었다. 평민 출신의 일반 군인이 공을 세운 대가로 받는 훈장은 18세기에 등장했다. 1740년 프로이센의 프리드리히 대왕이 제정한 푸어 르 메리테

훈장(그림 1-19)은 장교라면 평민이라도 기사단에 가입해 훈장을 받을 수 있었다. 1802년 나폴레옹이 제정한 프랑스의 레지옹 도뇌르 훈장은 하사관이나 병사도 낮은 등급의 훈장을 받을 수 있게 되었다. 그리고 1813년 프로이센에서 탄생한 것이 신분이나 계급에 관계없이 공을 세우면 누구나 받을 수 있는 군사 훈장인 철십자 훈장(그림 1-20)이다.

✤ 그림 1-21: 넬슨 제독

왕후와 귀족에게 수여되는 기사단의 훈장은 금은으로 장식하고 보석을 박는 등 매우 고가의 장식품이었기 때문에 일상적으로 소지하기에는 무리가 있었다. 일상적으로 훈장을 가슴에 장식하는 관습이 시작된 것은 18세기경으로, 프리드리히 대왕 등의 프로이센 국왕은 일찍부터 가슴에 검은 독수리 훈장의 복제품을 달았다. 일반 군인 중에서는 영국 해군의 호레이쇼 넬슨 제독(그림 1-21)이 훈장을 일상적으로 달았다고 한다. 넬슨은 천에 자수를 새긴 복제 훈장 4개를 왼쪽 가슴에 달았으며 정

❧ 그림 1-22: 약장(제2차 세계대전 당시 독일 공군의 약장)

복에도 훈장을 장식했다. 그가 1805년 트라팔
가르 해전에서 적함에 저격당해 전사한 것은
가슴에 단 훈장이 눈에 띄었기 때문이라는
설도 있다.

❧ 그림 1-23:
방위 공로장

　나폴레옹은 가슴에 늘 레지옹 도뇌르의 최
고위와 최하위 훈장을 달고 있었다. 전장에서
눈에 띄는 병사를 발견하면, 최하위 훈장을 떼어 그
자리에서 수여했다. 즉시 서훈의 시초이다. 감격한
병사들은 죽을 때까지 나폴레옹을 따르기로 맹세
했다. 그 후부터 황제나 국왕은 군의 최고 사령관으로서 의례 및 외
교석상에서 군복을 착용하고 훈장을 다는 것이 국제 상식이 되었다.
메이지 시대 일본의 천황도 이 관습을 모방했다. 일반 군인들 사이
에도 일상적으로 훈장을 가슴에 다는 관습이 정착했다.

　19세기 후반, 정복에는 메달 부분을 생략하고 리본만 다는 '약장(略
章, 그림 1-22)'이라는 관습이 탄생했다. 프로이센군에서는 1866년 약
식 견장을 제정하고 제도화했다. 이것이 전 세계로 퍼져 현재 일본
사위관이 왼쪽 가슴에 다는 방위 기념장의 원형이 되었다. 정복에는
약장, 예복에는 메달이 포함된 훈장을 다는 것이 본래의 형태이기

때문에 국제 의례상 리본만 있는 방위 기념장을 예복에 다는 것은 부적절하다는 의견이 있었다. 그런 이유로 2014년도부터 방위 공로장(그림 1-23) 및 상위 기념장 등에는 리본에 훈장을 달아 늘어뜨리는 메달 형식을 채용해 예복에 부착했다.

❺ 견식

일본의 육상 자위대에서는 예복 착용 시 장성과 부관(장성의 비서)은 오른쪽 어깨, 의장대의 특별 의장복과 음악대의 특별 연주복은 왼쪽 어깨에 매듭 장식을 달아 늘어뜨린다(그림 1-24). '견식'이라고 불리는 어깨 장식이다. 17세기 루이 14세 시대에 프랑스 육군에서 탄생했으며 프랑스어로 에귀예트(aiguillette)라고 한다. '바늘(aiguille)'을 뜻하는 프랑스어에서 유래한 것으로 원래는 끈에 금속 장식을 다는 방식 전반을 가리키는 용어였다.

견식의 기원은 소총용 도화선 혹은 말고삐라는 설이 있으며 당초에는 포병, 총병, 기병의 상징으로 사용되었으나 18세기에는 부관의 상징이 되었다. 장성의 말을 끄는 부관이 고삐를 어깨에 걸치거나 예비 도화선을 걸친 모습을 재현한 장식이라고 한다. 기본적으로는 오른쪽 어깨에 착용했다. 당시에는 술 끝부분에 연필심을 넣어 부관이 일상적인 사무나 정찰 임무를 수행할 때 필기도구로 사용하기도 했다. 그런 이유로 이 끝부분을 펜슬이라고 불렀다.

신분이나 계급이 높은 사람의 직속 부관이 착용하는 장식에서 발전해 1750년대에는 프리드리히 대왕이 이끄는 프로이센군의 근위병 전용 아이템이 되었다. 전속 근위병만이 착용하는 장식으로, 근

✤ 그림 1-24: 견식

✤ 그림 1-25:
18세기 프로이센군의 견식

위 연대장을 겸임하던 프리드리
히 대왕도 착용했다. 프로이센군
의 견식(그림 1-25)은 오른쪽 어깨
뒤쪽에서부터 착용하는 방식으로
앞쪽에서는 거의 보이지 않았다.

나폴레옹군에서는 황제 친위대
에 속한 장병이 착용했는데 직접
친위 연대장을 맡고 있던 나폴레
옹은 견식을 착용하지 않았다. 또
나폴레옹군의 부관은 견식이 아
닌 완장을 착용했다. 이 시대에 창
을 사용하는 친위 창기병이 왼쪽

어깨에 견식을 착용하게 되었다. 창을 휘두를 때 상당한 방해가 되었을 것이다. 친위대를 나타내는 견식과 별개로 국가 헌병대는 병과장(兵科章)으로 왼쪽 어깨에 견식을 착용하게 되었다. 그 후, 현재까지도 프랑스의 국가 헌병은 왼쪽 어깨에 견식을 착용한다. 각국에서도 직위, 직종, 병과에 따라 오른쪽 어깨 또는 왼쪽 어깨에 견식을 착용하게 되었다. 오늘날 미군에서는 일반 부관은 왼쪽 어깨, 대통령의 부관이나 백악관에서 근무하는 부관은 오른쪽 어깨에 견식을 착용하는 식으로 구별한다.

1806년 프로이센군의 장성이 견장 대신 계급장으로 견식을 착용하기 시작하자 1811년 영국 육군에서도 이를 채용했다. 이것이 장성 견식의 시초로, 프랑스풍 견장보다 프리드리히 대왕 이래의 견식을 사용하는 것이 바람직하다는 정치적 이유가 견식을 도입하게 된 동기였다.

나폴레옹 전쟁 이후에는 각국에서 부관용 및 의례용 또는 장성의 예복용으로 사용되는 경향이 강해졌다. 한편, 참모가 견식을 착용하는 것은 세계적 표준이 아니었기 때문에 일본의 육해군에서 이용된 '참모 견식(통칭 참모 견장)'은 특이한 사례였다. 자위대에서는 장성과 부관이 예복 오른쪽 어깨에 착용했으며 오른쪽에 달면 소총이나 악기 조작에 방해가 되는 의장대나 음악대는 왼쪽 어깨에 견식을 착용했다.

❻스트랩 슈즈

마지막 아이템은 구두(그림 1-26)이다. 단순한 신사화라고 생각하

❧ 그림 1-26: 스트랩 슈즈　　　❧ 그림 1-27: 칼리가　　　❧ 그림 1-28: 신형
　　　　　　　　　　　　　　　　　　　　　　　　　　　　의장복의 구두(여름용)

겠지만 이것도 군에서 유래된 형식이다. 스트랩 슈즈 자체는 일찍이 5,000년 전 유럽의 추운 지방에서 등장했다. 하지만 기후가 온난한 그리스나 로마에서는 샌들을 주로 신었으며 로마 군단의 병사들은 바닥에 징을 박은 군용 샌들 칼리가(caliga, 그림 1-27)를 신었다.

중세의 구두에는 뒷굽이 없었으며 비가 오는 날에는 나무로 만든 뒷굽을 장착하는 식이었다. 16세기 말에야 비로소 일부 고급 구두에 뒷굽이 부착된 것이 등장했는데 서민이나 일반 병사용으로 보급되는 구두는 아니었다. 17세기 영국의 청교도 혁명 시대, 올리버 크롬웰이 이끄는 군대를 위해 노샘프턴에 군화 공장이 개설되어 뒷굽이 부착된 군화를 양산했다. 지금도 노샘프턴은 영국에서 손꼽히는 구두의 성지로 불리며 유명한 구두 브랜드들의 공장이 많다.

영국의 웰링턴 공작 아서 웰즐리 원수는 단순한 승마 부츠를 애용했다. 지금도 영국에서는 이런 단순한 디자인의 부츠를 웰링턴 부츠라고 부른다. 한편, 발을 완전히 감싸 끈으로 묶는 구두를 군용 구두로 추천한 것은 프로이센의 게프하르트 폰 블뤼허 원수였다. 오늘날 이런 스트랩 슈즈(외날개식)를 블루처(Blucher)라고 하는데, 이는 블뤼허(Blücher)의 이름을 영어식으로 읽은 것이다. 1815년 워털루 전투에서 나폴레옹을 쓰러뜨린 두 명장 웰링턴과 블뤼허의 이름이 구두의 명칭이 된 것은 흥미로운 일이 아닐 수 없다.

일본 육상 자위대의 16식 정복의 구두는 블루처이다. 신형 의장복에는 블루처가 아닌 내날개식 구두(그림 1-28)를 채용했는데 이런 스타일이 신사화로서 더욱 격식을 갖춘 형식으로 의장이라는 임무에 적합한 것으로 여겨진다.

이처럼 머리부터 발끝까지 군복의 각 아이템에는 다양한 역사적 배경이 존재한다는 사실을 이해할 수 있었을 것이다.

제2장
근대식 군복
이전의 역사

❉ 군복은 언제부터 존재했을까

인류 최초의 군복은 언제 탄생했을까. 인류 최고(最古)의 메소포타미아 문명기, 고대 수메르(5,000년 이전)의 도시 국가에 이미 군대가 존재했으며 통일된 제복이 등장한(그림 2-1) 것으로 여겨진다. 인류는 문명의 개화 이래 군대를 조직하고 군복을 제정한 것이다. 유명한 '우르의 깃발(Standard of Ur)'에 의하면, 유력한 도시 국가 우르에는 국왕이 이끄는 조직적인 군대가 있었으며 병사들은 민간인과는 확연히 다른 군장을 걸치고 있다는 것을 알 수 있다. 양모 스커트는 당시의 일반적인 복장으로 신분이나 직업에 따라 차이가 있었던 것으로 보이며 군인은 일정 양식에 맞춰 통일된 모습을 보인다. 도시 국가 라가시의 '독수리 전승비'에서는 방패를 든 보병과 창을 든 보병이 협력해 밀집 대형을 이루어 전진하는 듯한 모습을 볼 수 있는데 훗날 그리스나 로마 군단의 전투법을 미리 보여주고 있는 듯하다. 너무 오랜 과거라 유물도 거의 남아있지 않아 자세한 내용은 알 수 없다. 하지만 금속제 무기와 장비품을 사용했으며 금속 징을 박은 망토로 적의 화살과 투석을 막았을 것으로 추측되는 등 놀라우리만큼 선진적인 군대와 군장을 갖추었던 것으로 보인다. 장비의 통일성으로 볼 때 국가가 지급했을 것으로 여겨지며 그런 의미에서 '세계 최고(最古)의 군복'이 등장한 것은 수메르였을 것으로 생각된다.

군복을 '국가가 지급하는 군대의 제복'이라고 정의하면, 이후 시대인 대제국 아시리아와 이집트에도 조각이나 회화 등의 자료로 확인할 수 있듯 통일된 장비를 갖춘 상비군이 있었을 것으로 여겨진다. 하지만 그들의 장비와 피복 그리고 제도에 대한 자세한 내용은 밝혀

지지 않았다.

✤ 고대 그리스~
로마의 병사들

고대 그리스에서는 시민권을 가진 자만이 군인이 되어 나라를 지키는 명예를 얻을 수 있었다. 노예에게는 허락되지 않은 일이었다. 시민들은 각자 창과 방패, 투구와 갑옷 등을 마련해 중장 보병으로 군무에 종사했다. 철학자 소크라테스도 중장 보병으로 세 차례 종군한 경험이 있었다고 한다. 각자 말을 사육해야 하는 기병은 부유층이 종사하는 병종으로, 자격 심사도 엄격했다. 해군은 직접 군함을 건조한 거부가 선주가 되어 조직했다. 즉, 하나부터 열까지 일반 시민의 기부와

✤ 그림 2-1: 고대 수메르의 창병

봉사로 국방이 성립했던 것인데 당시는 군무나 공직에 얼마나 기부를 했는지 혹은 사회 공헌을 했는지가 평가의 기준이었던 사회였다. 그런 군대에서는 시민이 각자의 경제력에 따라 무기나 장비를 갖추

✤ 그림 2-2: 스파르타의 중장 보병

었기 때문에 규격을 통일하기 어려웠을 것이다.

당시의 항아리 그림 등을 보면, 위에는 투구나 갑옷을 걸쳤지만 아래는 아무것도 없이 종군하는 중장 보병의 모습을 종종 볼 수 있다. 실제 이런 모습이었는지 아니면 회화적인 표현인 것인지는 의견이 갈리지만 무더운 지중해 지방에서 상당히 자유로운 군장으로 종군하는 자가 있었던 것은 사실이 아니었을까.

그리스 세계에서 손꼽히는 군사 국가 스파르타에서는 방패에 그린 '라케다이몬

(Lacedaemon, 스파르타인들의 자칭)을 나타내는 람다(Λ) 문자나 투구 장식과 같은 일정 양식의 통일이 시도되었다는 설이 있는데 이것 역시 시민이 각자 준비하는 장비에 기울이는 노력의 일종일 뿐 실제 개인의 장비는 다양했을 것으로 생각된다(그림 2-2).

명확한 국가의 군대로서 장비품을 지급한 증거가 남아 있는 것은 알렉산드로스 대왕이 이끌었던 마케도니아군으로, 도검과 갑옷 등

통일적인 규격품을 양산해 병사들에게 지급했다. 알렉산드로스 대왕의 원정을 지탱한 것은 국가의 군수 보급 시스템을 바탕으로 조직된 군대였던 것이다.

　스파르타군, 마케도니아군과 대적한 상대는 페르시아 제국이었다. 페르시아인은 일찍부터 승마를 즐기며 긴 바지를 입었다고 한다. 짧은 치마를 주로 입었던 그리스인들에게 긴 바지는 동양풍의 기묘한 풍속이었지만 전투용 의복으로는 확실히 치마보다 바지가 적합하다. 알렉산드로스 대왕도 페르시아 정복 이후 동양풍의 의상을 착용했지만 일시적인 유행에 그쳤을 뿐 유럽 전역으로 전파된 것은 아니었다.

　공화제 초기 로마의 시민군은 그리스 시대와 마찬가지로 개인이 장비를 준비해야 했다. 그런 이유로 병사들은 어느 정도 자산을 소유한 이들로 한정되었다. 기원전 107년 실시된 마리우스의 군제 개혁을 거쳐 식업 군인으로 조직된 정규군의 군단제를 시행하면서 통일적인 군장을 지

❦ 그림 2-3: 로리카 세그멘타타를 입은 로마 병사

급했기 때문에 이것도 국가의 군복이라고 할 수 있다. 제정 시대 병사들에게 지급된 로리카 세그멘타타(Lorica segmentata, 그림2-3)라고 불리는 판갑은 고대 세계의 최첨단 장비였다. 또 제1장에서도 다루었듯이 로마 군단의 군장은 오늘날 넥타이의 기원이 된 포칼레와 종군 기장의 원형인 팔레라 등 놀라운 첨단성을 갖추고 있었다.

참고로, 당시 로마 군단의 병사들에 대해서는 무채색의 조각품 등을 통해 상상해볼 수 있는 요소가 많은데 사굼(sagum, 울로 된 군용 망토)이나 투구의 깃털 장식 등이 실제 어떤 색상이었는지, 소속이나 계급에 따라 차이가 있었는지 등의 자세한 실태는 알려져 있지 않다. 군신 마르스의 영향으로 빨간색을 즐겨 사용했다는 것은 영화나 드라마에서 자주 볼 수 있는데 전군이 빨간색을 사용했는지는 알 수 없다. 당시의 기술로 선홍색을 얻는 것은 매우 어려운 일이었다. 패각충에서 추출한 이 염료의 특산지는 브리타니아 속주(지금의 영국)로, 본국에 바치는 가장 중요한 헌상품이었다.

하지만 이런 로마 제국의 제도도 게르만인의 침략을 받은 제국 후기에 붕괴했으며 이민족에 의한 지원 군단이 참전한 무렵에는 로마 출신 병사들도 게르만 문화의 영향을 받았다. 처음에는 야만족의 복장이라고 멸시했던 긴 바지를 입고 로마풍 단검 글라디우스 대신 게르만풍의 장검을 착용했다.

✣ 기사단과 갑옷의 시대

중세 봉건 시대가 되자 국가의 정규군이라는 개념이 희박해지고 각 기사단이 어느 정도 군장을 통일하는 시대를 맞았다. 제1장에서도 이야기했듯 기사단의 문장이 훈장 제도의 기원이 되었다. 당시 군대의 중심은 기사단 소속의 기사와 종자였으며 나머지는 전투를 위해 임시로 강제 징발된 농민과 돈을

✣ 그림 2-4-1: 바랑인 친위대(동로마 제국)

주고 고용한 용병이었다. 그런 상황에서는 일국의 군대로 통일할 수 없을뿐더러 장비도 제각각이었다. 용병단의 경우, 우수한 장비와 무기를 갖춰 지원하면 더 좋은 처우와 급여를 받을 수 있었다고 한다.

갑옷의 진화가 남성의 복장 전반에 변화를 촉진하기도 했다. 13세기까지 사슬 갑옷(chain mail, 그림 2-4-1)이 주류였다가 14세기가 되면서 전신을 장갑판으로 감싸는 신형 갑옷인 판금 갑옷(plate armour)이 등장했다. 백년 전쟁에서 영국군의 장궁이 사슬 갑옷을 간단히 관통하자 방어력에 더욱 집중하게 되었다. 백년 전쟁 초기에 큰 활약을 보인 영국의 왕태자 에드워드는 '흑태자'라는 별명으로도 유명한데(그림 2-4-2) 그가 입었던 초기 판금 갑옷의 표면이 검은색이었기 때문이라는 설이 있다(갑옷뿐 아니라 실제 검은색 장비를 착용했다는 설도 있다).

전신에 밀착되듯 감싸는 신형 갑옷이 등장하면서 남성의 상의 길이가 짧아졌다. 그로 인해 남성의 다리가 드러났다. 중세 유럽의 신사라고 하면 흔히 타이즈 차림을 떠올리는데 그 배경에는 군사적인 이유가 있었던 것이다.

또 갑옷 안에 입는 솜옷에서 유래한 더블릿(doublet)이라는 풍성한 상의가 유행했다(그림 2-5). 더블릿은 겉옷과 내복 사이에 입는 옷이라는 의미로, 지금으로 치면 스리피스의 조끼에 해당하는 의복이다. 하지만 전란이 길어지면서 차츰 상의 대신 더블릿을 입는 일이 많아졌다.

✤ 그림 2-4-2: 흑태자 에드워드

이처럼 군장과 일반 신사복 사이에는 커다란 연관성이 있다. 당시의 지배 계층인 왕후와 귀족들이 기사가 되었기 때문에 그들의 일상적인 복장이 갑옷으로 규정된 면이 있다. 또 전신을 보호하는 신형 갑옷의 틈새를 노리고자 도검의 형태도 바뀌었다. 중세의 기사들이 즐겨 쓰던 십자 검에서 갑옷

의 틈새를 노리기에 용
이한 레이피어로 바뀌
었는데 이것이 오늘날
펜싱 검의 유래이다.

❧ 그림 2-5: 더블릿을 입은 영국 왕 헨리 8세(한스
홀바인 작, 1537년경)

❧ 용병이 탄생시킨 슬래시 패션

르네상스 시대부터 17
세기 초, 국가의 군대가
봉건 기사단에서 근대
적인 정규군으로 변천
하는 동안 전장을 지배
한 것은 용병들이었다.
그들은 용병대장의 뜻
에 따라 일정 장비를 통일하는 경우도 있었지만 기본적으로 복장과
장비는 각자 마련했다. 단, 용병 산업을 제도화한 스위스 용병(그림
2-6)은 특별한 경우인데, 저명한 종군 기록 작가 디볼드 실링(Diebold
Schilling)의『루체른 연대기(Luzernerchronik)』를 보면 적어도 각 지역
부대마다 색조나 양식을 통일한 제복이 있었던 것으로 여겨진다. 하
지만 이것도 개인의 노력으로 최대한 장비를 통일하는 식이었다.

1477년 낭시 전투로 로렌 공국을 공격한 부르고뉴 공국의 군주 용

🌸 그림 2-7: 용담공 샤를

🌸 그림 2-8: 독일 용병 란츠크네히트

담공 샤를(그림 2-7)은 로렌 공작 르네 2세가 고용한 스위스 용병대에 의해 전사했으며 그에게 충성을 맹세한 금양모 기사단도 괴멸적 패배를 맞았다. 이 전투는 기사 시대의 종언을 상징하는 전투로 전쟁사에 이름을 남겼다. 샤를의 죽음으로 부르고뉴 공국이 멸망하고 그의 딸과 혼인한 합스부르크 가문이 금양모 기사단(및 훈장)과 남은 영지를 상속했다. 이 일이 16세기 합스부르크 가문의 스페인 왕국에서 벗어나려는 과거 부르고뉴 영지의 일부, 네덜란드의 독립 전쟁을 야기하게 된다.

낭시 전투 이후, 스위스 용병들은 전투로 찢어진 옷 안에 샤를의 본진에서 약탈한 화려한 옷감을 채워 넣고 개선했다고 전해진다. 그 찢어진 옷 사이로 드러난 천 조각이 눈길을 끌면서 전신에 슬래시를 넣는 기묘한 패션이 탄생해 17세기 중반에 이르는 200년 남짓 유럽의 신사들 사이에서 유행했다.

　당연히 유행의 원점이었던 용병들은 상의는 물론 양말, 바지 할 것 없이 온몸에 슬래시를 넣은 화려한 차림을 즐겼다. 스위스 용병의 라이벌이었던 1487년 신성 로마 제국의 황제 막시밀리안 1세가 조직한 독일 용병 란츠크네히트 (Landsknecht, 그림 2-8)의 복장은 당시로서도 악취미로 여겨졌지만 목숨이 오가는 위험한 직업에 종사하는 그들의 행동은 대부분 너그럽게 받아들여졌다.

　그들이 최후의 활약을 보인 것은 신성 로마 제국을 무대로 펼쳐진 30년 전쟁(1618~1648년)의 전장이었다. 그들과 교체하듯 등장한 것이 근대적인 군대와 군복이었다.

✤ 그림 2-6: 스위스 용병

제3장
30년 전쟁
―스웨덴군과 '근대식 군복'의 등장

❧ 구스타브 2세 아돌프의 시대

17세기 독일에서 발발한 30년 전쟁은 '최초의 세계 대전'이라고도 불린다. 이 전쟁으로 독일의 인구는 1,600만 명에서 600만 명까지 감소했으며 전쟁으로 인한 직접 사망자만 400만 명에 이른다고 한다.

이 전쟁 중기인 1625년 스웨덴 왕 구스타브 2세 아돌프(그림 3-1)가 세계 최초의 근대식 군복을 제도화했다(그림 3-2). 물론 실제 그가 혼자 생각해낸 아이디어는 아니었다.

그 배경을 살펴보면 먼저, 30년 전쟁 이전에 네덜란드와 스페인의 80년 전쟁(1568~1648년)이 있었다. 구교국 스페인의 지배에 대해 신교를 지지하는 네덜란드인들의 반항에서 비롯된 전쟁으로, 강대한 스페인 제국과 맞서기 위해 네덜란드의 실질적 군주였던 마우리츠 판 오라녜(오라녜 공, 나사우 백작) 총독은 고대 로마의 군제를 참고해 근대적 군대로 재편했다. 그가 참고로 삼은 것은 로마 공화정 시대에 쓰인 역사가 폴리비오스의 저작으로 과거 로마 군단의 선진적인 군제가 상세히 기술되어 있었다. 로마 군단을 연구함으로써 장교 교육의 중요성과 조직적 부대 편성 그리고 장비와 피복의 통일적 지급의 중요성을 인식했다. 이를 바탕으로 30년 전쟁이 시작되었을 무렵에는 주로 신교를 지지하는 독일 제국(諸國)들이 군제 개혁을 시도했으며 부대의 통제와 사기 고양 그리고 물자의 대량 조달에 의한 경비 절감을 목적으로 각 부대마다 상의나 조끼의 색상을 통일하는 유행이 생겨났다.

구스타브 아돌프는 젊은 시절 직접 독일 제국의 군사 사정을 시찰한 후, 마우리츠의 군제 개혁의 브레인으로 유명한 나사우·지겐 백작 요한 7세를 찾아가 네덜란드식 군제를 배웠다. 요한은 세계 최초의 '사관학교'를 개설해 군사사에 이름을 남긴 인물이다. 또 오랫동안 스웨덴의 라이벌이었던 근린국 덴마크가 채용한 색으로 연대를 식별하는 아이디어에서도 영향을 받았다. 이처럼 구스타브 아돌프는 당시의 군사적 유행을 주도적으로 도입함으로써 후진국 스웨덴의 군제를 개혁하고 마침내 국가의 군복 제도를 확립했다.

✤ 그림 3-1: 구스타브 2세 아돌프

✤ 징병제와 색명 연대

구스타브 아돌프는 초기의 징병제인 선택 징병제를 제정했다. 당초 피복 자재의 조달과 제조는 각 연대별로 이루어졌으며 징병되지 않은 시민들에게 피복비를 징수했다. 1620년 제정된 법령에 의하면, 병역의 의무가 있는 15세 이상의 남성은 지역 집회소에 10명 단위로 정렬하게 되어 있었다. 군 징병관이 그중 한 명을 선택했으며, 그를 위한 피복비와 장비품 비용은 선택받지 못한 나머지 9명이 내는 일률 성수금으로 중당하는 제도였다.

그 후, 군복 자재는 왕실 의상부가 관리 및 지급하는 제도로 바뀌

❀ 그림 3-2: 스웨덴군의 '세계 최초'의 근대 군복

었지만 각 연대별로 군복의 색상을 통일하는 것에 대해서는 근거가 될 법령이 발견되지 않았다. 다만, 프로이센의 연대기 작가 이스라엘 호페의 『프로이센에서의 제1차 스웨덴·폴란드 전쟁기(History of the First Swedish-Polish War in Prussia)』에 따르면, 1625년에는 연대별로 색상을 통일했다는 것을 알 수 있다.

이때 스웨덴군에는 덴마크식으로 군기의 색으로 구분한 4개의 연대가 있었다. 이들은 본국의 징병제에 의해 구성된 스웨덴인 연대가 아니라 외국인 지원병으로 구성된 직업 군인들의 보병 부대로, 스웨덴군 외정(外征) 부대의 실질적인 주력이었다. '황색 연대'는 국왕 직속 근위 연대로 왕궁 연대 또는 호위 연대라는 통칭도 있었다. 그 밖에 '청색 연대', '적색 연대', '녹색 연대'가 존재했다. 이들 연대의 장교는 스코틀랜드인이 많았으며 영국에서 온 병사도 다수 존재했다. 황색, 청색과 같은 색명(色名)은 당초 군기의 색을 나타낸 것에 불과했지만 1625년을 경계로 군복의 색도 통일한 것으로 보인다.

영국 국립 공문서관에는 1627년 10월 당시 스웨덴군 영국인 부대의 신병 모집 및 운영 책임자였던 제임스 스펜스 소장이 영국 왕 찰스 1세에게 보낸 보고서가 남아 있다. '(구스타브 왕은)적색, 황색, 녹색, 청색으로 물들인 옷감으로 병사들의 피복을 제작했습니다. 전장에서의 모습은 가히 장관이라 할 만합니다. 이런 일을 실시한 국왕은 이전에는 없었습니다.'

4개의 색명 연대 중 가장 오래 존속한 것은 청색 연대로, 전쟁 종결된 후인 1650년까지 스웨덴군의 중핵이었다. 황색 연대는 스웨덴이 독일의 전쟁에서 서서히 손을 떼고 대신 프랑스가 참전한 시기인 1635년 프랑스 육군으로 이적했다. 같은 해, 녹색 연대도 해산했다. 영국인 장병들은 고국으로 돌아갔다. 그들을 기다린 것은 고국에서 발발한 청교도 혁명으로 인한 내전이었다.

스웨덴인들로 구성된 본국 연대는 대부분 청색 군복을 입었다. 17세기 후반에는 전체 스웨덴군의 통일색으로 청색이 채용되었다.

구스타브 2세 아돌프 군대의 군복은 이전 세기까지 신사복의 주류였던 더블릿의 흐름을 잇는 짧은 상의와 무릎길이의 브리치스

(breeches, 반바지)였다. 이 상의를 '헝가리풍'의 자카(jacka)라고 기술한 당시의 기록이 남아 있다. 머리에는 펠트 소재의 모자를 썼으며 한쪽 차양을 접어서 고정하는 형식이 등장해 구스타브 아돌프도 애용한 것으로 알려진다.

보병은 전투 시 볏 모양 장식이 달린 스페인식 모리온(Morion) 투구를 썼으며, 머스킷 총병을 수호하는 장창병은 반(半)갑옷을 입었다. 흉갑 기병도 반갑옷을 착용했는데 병사들은 종종 무거운 갑옷을 입는 것을 거부하며 벗어버리기도 했다고 한다. 기병용 투구는 처음에는 일대일 승부 시대의 기사처럼 머리를 완전히 덮는 폐쇄형 투구(close helmet)였다. 하지만 이내 얼굴을 드러낸 폴란드식 또는 헝가리식 개방형 투구로 바뀌었다. 머스킷 총이 주력이 된 새로운 시대의 전장에서 시야가 좁은 폐쇄형 투구는 시대착오적이었기 때문이다.

기병과 장교들은 갑옷 대신 당시 다른 나라에서도 많이 사용되던 부드러운 가죽 소재의 상의 '버프 코트(buff coat)'를 즐겨 착용했다. 구스타브 아돌프도 최후를 맞기까지 버프 코트를 입었던 듯하다. 다만, 이런 값비싼 코트는 정식 지급품이 아니라 개인이 구입하거나 예산에 여유가 있는 일부 부대 단위로 채용되었던 듯하다.

일부 머스킷 총병들은 캐속(Cassock)이라고 불린 망토 스타일의 상의를 걸쳤는데 이것도 정식 지급품 목록에는 없었기 때문에 일부 부대 혹은 개인이 조달한 것으로 생각된다.

❋ 머스킷 총의 보급과 갑옷의 퇴장

구스타브 아돌프는 1611년 즉위 후 덴마크, 러시아와의 전쟁을 벌이고 폴란드령 프로이센을 침공했다. 프로이센은 십자군 시대 이래 독일 기사단의 영지였지만 1525년 종교색을 불식하고 브란덴부르크가의 영토가 되었다. 하지만 이 땅의 종교권은 폴란드에 있었으며 스웨덴·폴란드 전쟁이 끝난 1660년까지 프로이센은 독일 국가, 신성 로마 제국의 일원이라고는 할 수 없었다.

전쟁이 한창이던 1626년, 구스타브 아돌프는 메웨 전투에서 당시 세계 최강으로 불리던 폴란드 기병 부대를 머스킷 총을 활용해 격퇴했다. 이듬해 8월 디르샤우 전투에서 경부를 피격당한 이후로는 갑옷을 입을 수 없게 되었다. 이런 전력을 볼 때, 구스타브 아돌프는 총이 지배하는 신시대 전술의 부산물이라는 입장을 몸소 구현했다고 할 수 있다. 그가 시도한 가장 효과적인 전술은 머스킷 총병 부대의 일제 사격, 살보(salvo)일 것이다.

국왕이 갑옷도 입지 않고 진두에 선 모습을 본 기병이나 보병들은 더더욱 무거운 갑옷을 꺼렸을 것이다. 다만, 구스타브 아돌프는 늘 부하 장교들이 갑옷을 입지 않는 것을 우려해 '장교가 전사하면 누가 지휘를 맡겠는가'라며 훈계했다고 한다. 당시의 화승총은 성능이 그리 좋지 않았기 때문에 견고한 갑옷으로 어느 정도 방어력을 확보할 수 있었기 때문이다. 그런 그의 우려가 결국 자신에게로 되돌아오고 말았다……

이처럼 군복이 등장하게 된 배경에는 총기의 보급과 갑옷의 퇴장이 있었다. '근대 군대의 아버지'라고 불린 구스타브 아돌프가 근대 군복의 창시자가 된 것도 필연적인 일이다. 갑옷의 폐지는 다양한 군복색의 통일과 채용으로 이어졌다. 군복은 갑옷에 비해 비용이 훨씬 적게 들고 국군이 정식으로 대량 조달하기도 수월했다.

화약은 중국의 당나라 시대에 발명되었으며 13세기에는 총기 사용이 시작되어 중동에서 유럽으로 전파되었다. 유럽에서는 백년 전쟁 후반인 15세기의 전장에서 화포가 사용되었다. 16세기가 되면, 오스만 제국의 정예부대 예니체리(황제 친위대)가 총기를 집중 장비해 유럽의 기사단을 압도하게 되었다. 일본에 화승총이 전래된 것도 마침 그 시기였다(1543년). 스페인군은 머스킷 총병을 대량으로 모으고 그 주변에 장창병을 배치해 방어하는 테르시오 방진을 채용해, 유럽 강국 중 가장 빨리 총화기의 본격적인 사용을 개시했다. 이 강력한 스페인군을 격파하기 위해 마우리츠 판 오라녜의 네덜란드군이 고대 로마 군단을 모방한 군제 개혁을 단행했던 것이다.

17세기가 되면서 화기의 발달과 보급으로 갑옷의 사용이 급격히 쇠퇴했다. 하지만 실제로는 병사들에게 충분한 양의 갑옷을 지급할 수 없었던 이유가 컸다. 변방의 가난한 소국 스웨덴으로서는 아무리 이상이 높다 한들 값비싼 군비를 감당할 수 없는 상황이었다.

❧ 숙적 발렌슈타인

폴란드와 일시 휴전한 후 1630년에 구스타브 아돌프는 독일 신교 세력의 요구에 응해 본격적으로 독일의 30년 전쟁에 참전했다. 스웨덴군을 포함한 신교군의 구호였던 '신은 우리와 함께 있다!(Gott mit uns!)'는 독일에서 널리 쓰이며 훗날 나치 독일군에까지 계승된다.

독일에 나타난 구스타브 아돌프의 대전 상대는 황제군의 총사령관 틸리 백작 요한 체르클라에스 원사였다. 틸리 백작은 '갑옷을 입은 수도사'라는 별명을 가진 고결한 인물이었지만 그의 군대는 1631년 5월 스웨덴과 동맹 관계인 한자(Hansa) 동맹의 도시 마그데부르크를 함락해 2만 명 이상의 시민을 학살하고 약탈을 자행하는 참극을 연출했다. 틸리 백작은 의기양양하게 황제 페르디난트 2세에 '(그리스 신화의)트로이 전투 이래의 대승리'라고 보고했지만 이 참극은 신교 측의 분노를 폭발시켰다. 브란덴부르크, 작센, 브레멘, 헤센카셀 등의 제후와 도시가 잇따라 구스타브 아돌프의 편에 섰다. 틸리 백작은 스웨덴군의 맹공을 막지 못하고 패배를 거듭하다 1632년 4월 레히 강 전투에서 부상을 당한 후 사망했다.

페르디난트 2세가 서둘러 후임 사령관으로 임명한 것은 일개 용병 대장에서 원수의 자리까지 오른 일세의 효웅 알브레히트 폰 발렌슈타인(Albrecht Wenzel Eusebius von Wallenstein, 그림 3-3)이었다. 사실 발렌슈타인은 구스타브 아돌프가 참전하기 직전까지 총사령관을 맡고 있었다. 하지만 발렌슈타인의 지나치게 빠른 승진을 시기하는 목소리가 높아지고 황제 본인도 내심 그의 존재에 부담을 느꼈기 때문에 구실을 만들어 해임했던 것이다. 그런데 구스타브 아돌프의 스웨덴군이 승승장구하며 불과 2년 만에 남독일의 뮌헨에까지 도달한 것이었다. 이를 막으려면 발렌슈타인을 재임할 수밖에 없었다.

발렌슈타인은 원래 자신이 징모한 용병대의 지휘관이었다. 그의

✤ 그림 3-3: 발렌슈타인. 갑옷에 빨간색 스
카프를 감고 있다.

용병대는 다른 용병단과는 확연히 다른 정책을 채용했다. 용병단들
은 보통 자신들이 공략한 도시와 마을을 약탈해 생계를 꾸렸다. 틸
리 백작의 부하들이 자행한 참극은 용병에 의존하는 한 피할 수 없는
일이기도 했다. 하지만 발렌슈타인은 황제로부터 약탈하지 않는 대
신 항복한 상대 도시나 영주에게 직접 과세할 권리를 얻었다. 그로
인해 발렌슈타인은 적에게 깊은 원한을 사지 않고 세력을 키울 수 있
었던 것이다.

발렌슈타인은 네덜란드 출신의 은행가 한스 드 비테의 후원과 징
세권에 의한 윤택한 자금력을 토대로 군비에 힘을 쏟고 견고한 갑옷
을 갖춘 흉갑 기병을 정비했다. 이것이 가난한 스웨덴군과의 근본적
인 차이였다. 발렌슈타인의 초상화를 보면 검은색의 멋진 갑옷을 걸
치고 있는 것을 볼 수 있다. 여러 초상화 중에는 갑옷 안에 그야말로

용병다운 화려한 상의를 입고 있는 것도 있다. 그는 유럽 세계 최후의 부유한 용병으로, 황제나 국왕도 안중에 없을 만큼 독립적이고 독보적인 흡사 전국 다이묘와 같은 인물이었다. 그와 그의 부하들은 통일된 갑옷을 착용했지만 군복 등은 통일하지 않았다. 아군의 식별은 빨간색 스카프를 이용했으며 황제군의 전 장병들이 모두 목에 감고 있었다.

✤ 구스타브 아돌프의 죽음

1632년 11월 16일, 구스타브 아돌프는 라이프치히 근교의 뤼첸에서 늘 그렇듯 갑옷 대신 펠트 모자와 버프 코트를 걸치고 애마 스트레이프에 올라 기병 연대를 지휘했다. 황색 연대와 청색 연대가 본진을 맡고 발렌슈타인군의 호위대장 오타비오 피콜로미니 대령(그림 3-4)이 이끄는 흉갑 기병 연대가 스웨덴 보병 부대를 향해 돌진했다.

전진하던 구스타브 아돌프는 적이 쏜 탄환에 왼쪽 가슴을 관통당해 움직일 수 없게 되었다. 기병 부대의 주력과 멀어진 구스타브 아돌프는 5명의 호위병만 거느리고 후퇴했지만 짙은 안개 속에서 피콜로미니의 부대와 조우하고 말았다. 중장 흉갑 기병을 맞닥뜨린 구스타브 아돌프는 등을 비롯한 여러 곳을 찔러 치명상을 입고 말에서 떨어졌다(그림 3-5).

그 자리에 나타난 피콜로미니 대령은 빈사 상태로 쓰러져 있는 인물이 구스타브 아돌프라는 것을 바로 알아보았다. 스웨덴군의 반격

❖ 그림 3-4: 피콜로미니(백작 시대). 황제군의 빨간색 스카프를 둘렀다(안셀름 반 홀레 작, 1650년경).

이 시작되었기 때문에 피콜로미니의 부하는 그의 관자놀이에 총을 겨누었다. 구스타브 아돌프의 유해는 그날 중으로 스웨덴군이 회수했지만 몸에 걸친 것은 셔츠 외에는 아무 것도 남아 있지 않았다고 한다.

발렌슈타인군은 뤼첸 전투에서 패주했지만 스웨덴군도 국왕을 잃고 사기를 상실해 물러났다. 황색 연대를 지휘했던 닐스 브라헤 대령은 왼쪽 다리에 총상을 입고 2주 후 세상을 떠났다. 구스타브 아

❖ 그림 3-5: 구스타브 2세 아돌프의 전사(칼 왈봄 작)

돌프의 애마 스트레이프는 상처를 입고 돌아왔지만 얼마 후 죽었다.
이 말은 지금도 스톡홀름 궁전 동관에 있는 스웨덴의 가장 오래된 박
물관 '왕실 무기고'에 박제된 상태로 전시되어 있다. 구스타브 아돌
프의 피로 물든 버프 코트는 황제 페르디난트 2세에게 바쳐졌다. 이
코트는 제1차 세계대전 이후 오스트리아에서 스웨덴에 반환되었다.

운 좋게 구스타브 아돌프를 쓰러뜨린 발렌슈타인의 운명도 끝에

다다르고 있었다. 최강의 적을 쓰러뜨린 발렌슈타인의 존재는 황제에게 있어 방해물일 수밖에 없었다. 황제는 발렌슈타인의 측근 피콜로미니 소장에게 그의 암살을 암시하는 듯한 지시를 내렸다. 실러의 희곡『발렌슈타인』에서는 암살의 주범으로 피콜로미니를 지목했지만 실상은 알 수 없다. 그 배후가 누구였든 발렌슈타인은 1634년 2월 25일 에게르 성에서 살해당했다. 16세에 스페인군에 입대해 테르시오 방진의 장창병으로 복무한 이래 각국에서 군력을 쌓으며 고군분투해온 피콜로미니는 일련의 공적을 인정받아 중장으로 진급했으며 이후 원수로 승진해 제국 제후의 반열에 올라 아말피 공으로 영전했다.

구스타브 아돌프가 전사한 후, 스웨덴은 프랑스와의 동맹을 강화했다. 30년 전쟁의 중심은 프랑스군으로 옮겨갔다. 대항해 시대의 16세기 세계 제국을 표방하던 스페인은 영국 해군에 의해 무적함대가 격파되면서 네덜란드를 잃은 데다 프랑스의 공격이 이어지자 이제는 한물 간 테르시오 방진 전술과 함께 유럽의 패권 경쟁에서 탈락했다.

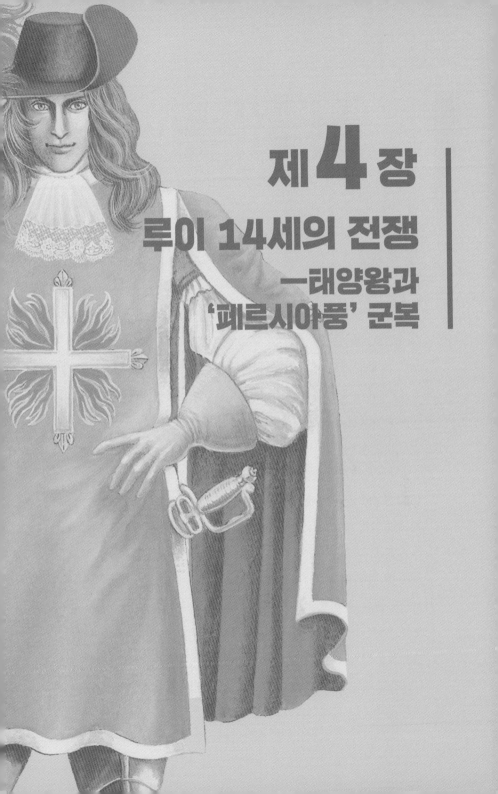

제4장
루이 14세의 전쟁
─태양왕과 '페르시아풍' 군복

❦ 소년왕이 태양왕이 되기까지

대국 프랑스를 통치한 2대 국왕 루이 13세의 부르봉 왕조는 여전히 불안한 상태였다. 발루아 왕조 최후의 앙리 3세, 부르봉 왕조의 초대 앙리 4세 시대까지 2대에 걸친 종교 대립으로 국왕이 암살당했다. 사태를 진정시키고 안정을 되찾게 한 것은 재상 리슐리외 추기경이었다. 국내적으로는 신교도를 억압하는 한편 독일의 30년 전쟁에서는 오로지 국익만을 고려해 신교 측에 서서 1635년 구스타브 2세 아돌프 사후의 스웨덴 여왕 크리스티나의 섭정 악셀 옥센셰르나와 교섭해 군사 동맹을 갱신한 것도 리슐리외였다. 오스만 제국의 압박으로 나라를 잃은 크로아티아인 용병부대가 합스부르크가 황제의 지배를 거부하고 프랑스군 의용병으로 참가한 것도 1633년경으로, 시기가 겹친다. 크로아티아 병사가 목에 감았던 크라바트라고 불린 스카프가 오늘날 넥타이의 원형이 되었다는 것은 제1장에서 이야기한 바 있다.

스웨덴과의 동맹은 스웨덴군이 독일 국내에서 황제군과 싸우는 동안 프랑스군은 스페인군을 전력으로 공격한다는 것이었다. 루이 13세의 왕비 안 도트리슈는 스페인의 합스부르크가 출신으로 당연히 친정을 적으로 돌리는 리슐리외의 결정에 반발했다. 후계자를 낳지 못해 전부터 부부 사이가 좋지 않았던 남편 루이 13세와도 점점 소원해졌다. 리슐리외에게 정무를 맡기고 취미인 사냥에 몰두했던 루이 13세는 파리 외곽 베르사유에 자신의 거처를 짓고 거기에 머물렀다.

그러던 어느 날, 폭풍으로 목적지에 가지 못하게 된 루이 13세가 우연히 가까이에 있던 왕비의 별궁에 들렀다고 한다. 오랜만에 만난 부부는 전에 없이 로맨틱한 분위기에 젖어 하룻밤을 보냈다. 그리고 놀랍게도 결혼 후 23년이나 지난 1638년 9월 5일 왕태자 루이가 탄생한 것이다.

재상 리슐리외는 각지에 지방 감찰관(intendant)을 파견해 중앙 집권적 절대 왕정을 지향했지만 그 완성은 물론 30년 전쟁의 결말도 지켜보지 못한 채 1642년 말 세상을 떠났다. 이듬해 5월 14일, 루이 13세도 41세의 젊은 나이로 세상을 떠났다. 당시 4세였던 왕태자 루이가 루이 14세로 즉위했다.

섭정을 시작한 모후 안 도트리슈는 즉각 리슐리외의 오른팔이었던 마자랭 추기경을 재상으로 임명했다. 소년왕은 허울에 불과했다.

30년 전쟁이 한창이던 프랑스군에 새로운 군사 천재가 나타났다. 부르봉 왕가의 친척인 앙기엔 공작 루이라는 청년으로 21세에 군의 지휘를 맡아 루이 13세가 세상을 떠난 직후인 1643년 5월 19일 로크루아 전투에서 스페인군을 격파했다. 그 후, 부친의 가명을 계승해 콩테 공작 루이 2세가 된 그는 각지에서 승리를 거듭하다 1648년 8월 렝스 전투에서 결정적인 승리를 거두었다. 같은 해 10월 24일 베스트팔렌 조약이 체결되면서 30년 전쟁이 종결되고 사실상 신성 로마 제국은 실체를 잃었다.

하지만 30년 전쟁이 끝나기 전부터 프랑스에서는 전쟁 비용을 마련하기 위해 무거운 세금을 부과한 마자랭의 정책에 반발한 내란이 발생하기 시작했으며 1648년 7월 파리 고등법원이 지방 감찰관의 폐지를 포함한 요구서를 내자 무거운 세 부담에 분노한 파리의 민중들이 여기에 호응해 바리케이드를 구축하고 봉기한 프롱드의 난이 일어났다. 프롱드란, 새총이나 투석기를 뜻하는 말로 반란 세력이 밉살스런 마자랭의 저택에 돌을 던져 공격한 데서 유래했다.

루이 14세와 섭정 안은 무정부 상태가 된 파리를 탈출했다. 그 직후 30년 전쟁이 종결되고 콩테 공작이 이끄는 프랑스군이 파리로 귀환해 이듬해 3월 일단 사태는 수습되었다. 국왕과 안은 파리로 돌아왔지만 이번에는 콩테 공작과 마자랭이 대립하면서 귀족들의 반란이 일어났다. 마자랭이 망명하고 루이 14세는 또 다시 파리를 떠났다. 영웅 대접을 받으며 파리에 입성한 콩테 공작은 일시적인 우위를 점했지만 군사적 재능에 비해 정치적 수완이 부족했던 탓에 그 이상의 적극적인 행동에 나서지 않았다. 루이 14세와 섭정 안은 1652년 10월에 파리로 돌아와 정권을 되찾았다. 국정에 복귀한 마자랭은 반항적인 고등법원을 억압하고 16세가 된 루이 14세는 고등법원을 찾아 그 자리에 있던 귀족들을 향해 '짐이 곧 국가다(L'État, c'est moi)'라고 못 박았다. 볼테르의 명저 『루이 14세의 시대(Le Siècle de Louis XIV)』에 나오는 일화이다(진위 여부는 밝혀지지 않았다).

30년 전쟁은 끝났지만 프랑스와 스페인의 전쟁은 끝나지 않았다. 콩테 공작과 어깨를 나란히 하는 명장 투렌 자작이 프랑스군 총사령관으로 취임해, 망명한 뒤 과거의 적 스페인군을 지휘하게 된 콩테 공작과 대적했다. 영국과의 동맹으로 우위를 점한 프랑스는 1658년 됭케르크 근교에서 승리했다. 이듬해 피레네 조약으로 프랑스와 스페인의 국경이 획정되고 콩테 공작은 사면을 받아 프랑스로 귀국했다.

일련의 반란을 수습한 후 귀족의 세력이 약화되면서 국왕 중심의 절대 왕정이 거의 완성 단계에 이르렀다. 하지만 아직 어린 루이가 겪은 프롱드의 난은 평생의 트라우마가 되었다. 왕의 침실에까지 들이닥친 민중의 반란을 두려워한 그는 후에 파리 외곽에 있던 부왕의 사냥용 별장을 고쳐 장려한 베르사유 궁전을 건축했다.

❧ 그림 4-1: 루이 14세가 태양신 아폴론을 연기한 발레 공연 의상(왕실 디자이너 앙리 드 지세의 디자인화. 1653년)

1661년 3월 9일 마자랭이 세상을 떠났다. 루이 14세는 후임 재상을 임명하지 않고, 모후 안도 국정에서 손을 떼면서 비로소 친정을 시작하게 되었다. 발레가 특기였던 그는 군신들 앞에서 그리스 신화의 태양신 아폴론을 연기한 무용 공연을 펼쳐 호평을 받기도 했다(그림 4-1). 그 후 그는 국가의 중심에서 빛나는 태양과 같은 존재라고 하여 '태양왕'이라고 불리게 되었다.

❧ 가발과 하이힐과 리본

루이 14세는 자신의 권위를 드러내는 방식으로 외모에도 굉장히 신경을 썼다. 사냥이 취미였던 아버지, 승마가 특기였던 어머니의

✤ 그림 4-2: 드웨의 전장(1667년)에서 지휘하는 젊은 시절의 루이 14세. 화려한 장식의 패션이 눈에 띈다. 군인들의 초기형 제복에도 주목하자(르 브룅 작, 1667~90년)

영향으로 신체 능력이 뛰어나고 다수의 애인을 두었으며 놀라울 정도의 대식가였다는 기록도 있다.

다만, 신장은 160센티미터 정도로 17세기 당시 남성의 신장으로 볼 때 작은 편이라고는 할 수 없지만 결코 장신은 아니었다. 본인도 그 점이 신경 쓰였는지 하이힐을 착용했다. 유럽의 구두에 뒷굽이 생긴 것은 16세기 말 무렵의 일이었다. 1640년대 영국(제1장)에서 양산이 시작된 이 굽이 높은 구두(chaussures a talons haurs)의 멋진 형태가 젊은 국왕의 마음을 사로잡았다. 그가 신은 뒷굽을 빨간색으로 칠한 궁정용 하이힐은 금세 가신들 사이에 유행했다. 루이 14세의 궁정에서 하이힐은 남성들이 맵시를 뽐내기 위해 신는 구두였다.

그 밖에도 루이 14세는 가발(perruque)을 애용했다. 부친인 루이 13세는 22세의 젊은 나이에 가발을 쓰기 시작했다. 왕비 안과 사이가 좋지 않아 후계자도 태어나지 않는 데다 국내외의 동요가 끊이지 않다 보니 스트레스가 이만저만이 아니었을 것이다. 그런 부친의 습관

덕분에 귀족들도(머리칼이 있건 없건) 가발을 일상적으로 착용하게 되었다. 루이 14세는 정수리 부분을 높게 부풀린 가발을 애용했다. 키가 커 보이는 효과를 주기 위해서였다.

또한 프릴과 레이스를 이용한 리본 장식을 가득 배치한 매우 여성적인 복장을 즐겼다(그림 4-2). 이는 마자랭이 세상을 떠나면서 추천한 인물로 오랫동안 루이 14세의 친정을 지지한 재정관 장 바티스트 콜베르의 방침이기도 했다. 그는 화려한 의상을 유행시켜 국내의 산업을 진흥시켰다는 평가를 받는다. 모자 차양에 깃털을 가득 장식하거나 랭그라브(rhingrave)라고 하는 큐롯 스커트 형태의 반바지(그림 4-3)를 입고 발레 동작처럼 우아한 자태로 활보하는

✤ 그림 4-3: 랭그라브 차림의 귀족

모습은 중성적인 그의 미의식과 기호를 반영했다고 할 수 있다.

루이는 친정을 시작한 직후, 줄곧 권세를 누리던 재무경 니콜라 푸케를 체포해 몰락시켰다. 지나치게 권한이 막강한 재무경의 직위를 폐지하고 콜베르를 재무 총감에 임명해 이를 대신하게 했다. 또 푸

케가 자신의 호화 저택 건설을 위해 데리고 있던 유능한 건축가와 미술가를 전부 고용해 베르사유 궁전 조영에 착수했다.

❀ '삼총사' 스타일에서 '페르시아풍'으로

당시는 남성 귀족이나 군인도 모두 장식을 달고 하이힐을 신었는데 솔직히 이런 차림은 전쟁에 적합지 않았다. 리본이나 프릴 장식이 나부끼는 전쟁은 당시로서도 위화감이 컸다.

당시 프랑스군에도 제복이라고 부를 만한 복장이 존재했다. 가장 유명한 것이 알렉상드르 뒤마의 소설 『삼총사』로 널리 알려진 왕실 근위 총사대의 제복이다. 이 소설은 가스코뉴 시골에서 상경한 청년 다르타냥이 아토스, 아라미스, 포르토스라는 세 명의 왕실 총사를 만나 크게 활약하는 활극이다. 악역은 루이 13세의 권위를 무시한 재상 리슐리외로, 총사들이 왕비 안의 목걸이를 둘러싸고 음모에 휘말린다는 사실(史實)을 반영한 허구의 이야기이다. 다르타냥과 삼총사의 실제 모델은 앞서 이야기한 재무경 푸케를 체포해 호송한 총사 대장 대리 샤를 다르타냥(그의 본명은 샤를 오지에 드 바츠 카스텔모르였지만, 근위대에 몸담았던 조부의 이름을 계승해 다르타냥이라는 이름을 사용했다)이라는 인물이었다.

영화나 TV에 등장하는 다르타냥과 삼총사는 하나 같이 파란색 타바드(tabard, 망토처럼 걸치는 상의, 그림 4-4)를 입고 있다. 하지만 루이 13세나 리슐리외의 시대를 반영한 것이라면 시대 고증적으로 문제가 있다. 이 소설이 쓰인 1844년 당시의 삽화가가 치밀한 고증을 소홀히 한 듯하다. 근위 총사대는 1622년 당시 빠르게 보급된 머스킷을 활용한 총병의 조직화를 목표로 창립한 부대였다. 극중에 등장하는 화려한 검극은 사실 그들의 전문 분야가 아니었다. 국왕의 직속 부대를 계승한 제1중대와 리슐리외의 직속 부대였던 제2중대가 있었다. 왕실 직속 위병 중에서는 가장 급이 낮았기 때문에 입대 심사가 느슨해서 일반 시민들 사이에서 인기가 높았다.

✤ 그림 4-4: 총사대의 타바드

실제 '파란색 타바드'가 채용된 것은 1657년으로, 프롱드의 난이 종결된 이후 루이 14세가 치세하던 시대였다. 푸케를 체포할 당시의 다르타냥은 이 제복을 입고 있었을 것이다. 1665년부터는 길이가 더 긴 캐속(cassock)이라는 상의(그림 4-5)로 진화했다. 17세기의 총병들이 비바람으로부터 화승과 총을 보호하기 위해 입었던 것으로 구스타브 2세 아돌프의 머스킷 총병들도 일부 착용했다. 1665년 이후, 총사대의 캐속에는 루이 14세의 빨간색 태양 문장이 추가되었다. 그러나 1680년대가 되면서 이런 망토식 상의는 자취를 감추었다.

그 배경에는 당시 빠르게 보급된 새로운 유형의 군복이 있었다. 30년 전쟁을 겪으며 군복 착용이 보편화된 스웨덴과 독일과 달리 프랑스는 뒤늦은 감이 있었다. 콩테 공작의 부하 장교와 기병들은 갑옷을 입었으며 프랑스군 소속을 나타내는 표식으로는 허리에 두르거나 목에 감는 흰색 스카프를 이용했다.

구스타브 2세 아돌프가 장려한 군복은 길이가 짧은 헝가리풍 상의라고 불리었다. 한편, 길이가 긴 롱코트는 동유럽풍이라고 불렀는데 구스타브 아돌프는 '신병이 그런 차림으로 입궁하지 않도록' 누차 본국 연대에 지시했다고 한다. 하지만 유행이라는 것은 어느 시점을 경계로 일변하는 것으로, 촌스럽다고 생각되던 긴 상의가 1660년대 이후에는 최신 패션으로 둔갑해 프랑스군에서 널리 유행한다.

이 상의는 '페르시아풍' 또는 '동양풍'이라고 불리었다. 상의만 보

🌼 그림 4-5: 총사대의 캐속

면 폴란드나 리투아니아 부근의 '동유럽풍'과 크게 다르지 않다. 하지만 페르시아풍 복장은 아비(habit) 안에 상의와 비슷한 길이의 소매가 긴 옷을 한 벌 더 입었다. 이것을 베스트 (veste)라고 불렀다. 그 후, 베스트의 소매를 없애고 길이도 짧아졌는데 이것을 프랑스에서는 길러 (giler)라고 불렀다. 다른 나라에서는 여전히 베스트라고 부르는 일이 많았다. 즉, 상의와 베스트 조합으로 중세 더블릿 시대에 탄생한 '스리피스'가 유럽에서 부활한 것이다. 오늘날 스리피스 정장의 직접적인 원점이라고 할 수 있다.

✤ 그림 4-6: 1661년경에 도입된 초기 군복을 입은 프랑스군 병사

당시 지금의 이란에 해당하는 지역에 사파비 왕조의 페르시아가 있었다. 이 페르시아인들은 긴 상의 안에 비슷한 길이의 옷을 한 벌 더 입었는데 동시대에 두툼한 더블릿을 입던 유럽인들에 비하면 훨씬 실용적이고 활동하기도 편한 복장이었다. 실제 이 시기 세계는 추운 날씨가 계속되었다. 중세 시대 지구는 온난화 상태였지만 14세기 무렵부터

한랭화가 진행되어 16세기에는 소빙하기를 맞았다. 런던에서는 겨울이면 템스 강이 얼어붙었다고 한다. 그런 기후적 배경으로 인해 페르시아풍 복장의 인기가 높아졌다. 네덜란드, 프랑스, 영국과 동맹 관계에 있던 사파비 왕조의 문화가 일찍부터 유럽에 전파된 것이다.

1661년 친정을 시작한 루이 14세는 육군 대신 루부아 후작 미셸 르 텔리에에게 명해 군제 개혁을 실시하고 군인의 복장을 개정했다. 타국의 동향을 파악하고 신형 군복을 도입하고자 한 것이다. 1721년 간행된 예수회 신부 가브리엘 다니엘의『프랑스 민병사(Histoire de la milice françoise)』에 따르면, 왕실군의 주력 부대인 프랑스 위병대에 제복이 도입된 것은 '1661년 혹은 그 직후'였다고 한다. 서양의 군장 연구가들도 이를 근거로 이때 처음 프랑스군이 동양풍의 제복(실제 보급과는 별개로)을 채용했다고 판단한다(그림 4-6). 그 제복은 '병사는 은사로 짠 회색 아비, 장교는 은 자수가 들어간 빨간색 아비'로 아비(habit)는 동양풍의 긴 상의를 가리킨다.

1661년 7월 프랑스군의 보병과 상급 대장(Colonel Général) 에페르농 공작이 세상을 떠났다. 같은 해 3월부터 친정을 시작한 루이 14세로서는 뜻밖의 행운이 아닐 수 없었다. 프랑스에서 상급 대장은 병과의 최선임 장군을 뜻한다. 이전까지 프랑스 국왕은 군에 직접 명령을 내릴 수 없고 상급 대장이 전권을 쥐고 있었다. 장교의 임면권도 상급 대장에게 있었으며 매관으로 얻은 수입도 당연히 그의 몫이었다. 관청의 관직이나 군의 계급을 돈으로 거래하는 매관은 리슐리외가 재상을 맡기 이전부터 제도화된 악폐였다.

에페르농 공작이 사망하자 루이 14세는 즉각 각 연대에 연대기를 하사하고 앞으로는 국왕이 직접 군에 지시를 내리겠다고 천명했다. 1662년부터 63년의 열병에 대한 각종 고문서를 보면 확실히 프랑스군의 제복 도입을 확인할 수 있다. 그런 이유로 1661년 루이 14세가 '동양풍의 군복 도입'을 지시했다는 정설은 맞는 듯하다. 왕명에 따른 제복 도입은 국왕의 군 장악을 나타내는 동시에 군기 숙정의 일환을 보여주는 것이기도 하다.

다만, 정식적인 왕명(ordonnance)을 통한 제복 규정이 등장한 것은 1670년경이며 1684년 전군을 대상으로 통일적인 제복 규정이 제정되었으며 정식 서류로 작성된 것은 1704년으로 알려져 있다. 이전까지는 국왕의 개별적인 명령이었기 때문에 현장에서는 각양각색의 복장이 존재했으며 형식도 상당히 자유로웠던 듯하다.

프랑스 위병대는 당초의 회색 제복에서 1685년 파란색, 흰색, 빨간색의 세 가지 색을 조합한 군복으로 변경했으며 프랑스 혁명기인 1780년대까지 이 기본색은 바뀌지 않았다.

또한 당시의 프랑스 군인은 목에 크라바트를 두르는 것이 표준화되어 있었다. 루이 14세도 7세 무렵부터 크라바트를 즐겨 착용했다고 한다.

루이 14세의 대외 침략을 두려워한 독일 제후국, 네덜란드, 스웨덴, 스페인, 영국 등이 아우크스부르크 동맹을 맺고 프랑스와 대적하는 가운데 1692년 8월 3일 스틴케르케(프랑스어로는 스탕케르크) 전투에서 적의 기습으로 흐트러진 크라바트를 두르고 분투한 크로아티아 연대의 활약상이 국민들에게 널리 알려졌다(그림 4-7). 그러자 크라바트를 일부러 흐트러진 상태로 대충 묶는 스탕케르크 크라바트라는

🌸 그림 4-7: 스틴케르케 전투 기념화. 크라바트
를 두른 프랑스 병사가 분전하고 있다.

방식이 일반화되었다.

모자는 펠트 소재의 삼각모 트리코른(tricorne, 그림 4-8)이 보급되
었다. 당초에는 구스타브 아돌프의 모자처럼 한쪽만 젖히는 것이 일
반적이었지만, 총을 조작하기 위해 차양을 세 방향으로 접게 되면서
18세기에는 그림 4-8과 같은 형태로 정착했다. 왕의 명령으로 군무
에는 검은색 모자를 쓰도록 규정되었다.

프랑스군에서는 장비의 근대화도 진행되었다. 1684년경부터 중세
이래 오랫동안 사용되어온 멜빵형 볼드릭이 쇠퇴하고 허리 벨트에
검을 차는 신형 볼드릭으로 바뀌었다. 이듬해인 85년 무렵부터는 총
구에 검을 꽂아 창처럼 사용할 수 있는 총검이 보급되었다. 1699년
말에는 화승총이 전부 폐지되고 부싯돌로 점화하는 수석총으로 교
체되었다. 1703년이 되자 장창도 모습을 감추었다. 격전이었던 스틴
케르케 전투에서 장창병들이 모두 창을 버리고 쓰러진 우군 총사의

❖ 그림 4-8: 삼각모의 변천

총을 집어 들고 싸웠다는 보고를 받은 루이 14세는 장창이 시대착오
적이라는 것을 깨달았다고 한다.

1661년 이후, 프랑스군은 추첨에 의한 선발식 민병 제도를 도입해
사실상의 부분 징병 제도를 시작했다. 징병 제도로 방대한 군대의
편성이 가능해진 것이다. 프랑스 육군은 루이 13세 시대에는 6개 연
대의 2만 명 남짓한 수였지만 1672년에는 17만 명, 1678년에는 28만
명에 달했으며 루이 14세의 치세가 막을 내린 1715년에는 40만 명에
이르렀다. 동시대의 오스트리아 육군은 10만 명, 영국 육군은 7만 명
정도였다. 이처럼 당시 유럽 최대 규모의 프랑스군이 근대화를 추진
하는 과정에서 대량의 근대식 군복이 필요해졌다. 40만 명의 병사가
입을 40만 벌의 군복이 필요했던 것이다. 그리하여 1666년의 왕명으
로 군복 대금을 병사의 급여에서 공제하는 방식을 제도화했다.

❖ 여성적 패션의 종언

한편, 바다 건너 영국에서는 1642년에 빌빌한 청교도 혁명으로
1649년 국왕 찰스 1세가 처형되고 올리버 크롬웰의 독재 체제가 구

✤ 그림 4-9: 영국 왕 찰스 2세(조셉 라이트 작)

축되었다. 국외로 망명했던 왕태자 찰스는 크롬웰이 세상을 떠난 후 1660년 런던으로 돌아와 찰스 2세로 즉위했다(그림 4-9).

처음에는 찰스 2세도 루이 14세가 유행시킨 패션을 극찬했다. 프릴, 리본, 깃털 등으로 장식한 의상과 하이힐을 신는 여성적인 복장이다. 하지만 당시의 조원가(造園家) 존 이블린의 일기에는 즉위 후 6년이 지난 1666년 10월 18일 '국왕 폐하는 처음으로 동양풍의 의상을 갖춰 입고 궁중에 행차하셨다. 더블릿과 답답한 장식 칼라를 버리고(중략) 페르시아풍의 아름다운 의상으로 바꾸었으며 구두나 양말을 고정하는 끈(중략) 대신 버클을 사용했다. 지금까지의 돈과 시간만 들고 평판은 좋지 않았던 프랑스풍 유행을 버린 것이다'라고 쓰여 있

❧ 그림 4-10: 왕실 가정교사가 헌상한 파인애플을 받는 찰스 2세. 페르시아풍 의상을 입고 있다(1675~1680년경).

다. 또 다음 달에 쓰인 해군성 서기관 새뮤얼 피프스의 일기에는 '프랑스 왕은 잉글랜드 왕의 도전에 응하며 군대의 모든 병사의 제복에 베스트를 추가했으며 귀족들에게도 착용을 명했다'는 기술이 있다.

기록을 보면 프랑스에서는 1666년에 이미 최소한 군장에는 '동양풍' 혹은 '페르시아풍' 복장이 상당히 보급되었을 것으로 보인다. 하지만 궁정 의상으로 채용한 것은 영국 왕 찰스 2세가 더 빨랐다(그림 4-10). 찰스 2세는 루이 14세가 추천한 장식이 과한 패션을 버리고 영국에서 자급할 수 있는 울 소재의 페르시아풍 의상을 채용하고 싶었던 것이다.

시대의 흐름을 거스르지 못한 루이 14세도 새틴이나 실크를 사용한 여성적인 패션을 포기하고 자신은 물론 궁성의 일반 귀속들의 복장을 페르시아식으로 바꾸었다(그림 4-11). 이때부터 100년 넘게 유럽

✤ 그림 4-11: 만년의 프랑스 왕 루이 14세와 그의 가족(1715년경)

전역에서 페르시아풍 복장이 신사복의 표준이 되었는데 이런 종류의 복장을 쥐스토코르(justaucorps)라고 불렀다.

1715년 9월 1일 아침, 루이 14세는 72년간의 치세를 마쳤다. 전날 밤, 그는 이렇게 말했다고 한다. '짐은 전쟁을 지나치게 사랑했다(J'ai trop aimé la guerre)' 그는 54년간의 친정 기간 중 34년이나 전쟁을 계속했다.

제5장
빈 포위
―우익 기병과 늑골복

✤ 천사의 날개를 가진 기병

　1683년 9월 11일, 합스부르크가의 본거지 오스트리아의 수도 빈은 오스만 제국의 15만 대군에 의해 포위당했다. 황제 메흐메드 4세의 신임이 두터웠던 오스만군의 총사령관 카라 무스타파 파샤(그림 5-1)는 제국 대재상으로서의 전권을 위임받아 각지의 전투에서 승리를 거듭하며 건국 이래 최대의 판도를 구축했다. 1529년 술레이만 대제가 실패한 빈 공략에 성공하면 그야말로 불후의 명성을 얻게 될 것이었다. 한편, 30년 전쟁으로 기세가 완전히 꺾인 신성 로마 제국의 황제 레오폴트 1세는 빈을 탈출해 기독교 제국에 구원을 요청했다. 7월 14일부터 계속된 포위전으로 수비대 지휘관 에른스트 루디거 폰 슈타르헴베르크 대장(그림 5-2)이 이끄는 1만 수천 명의 장병들 절반이 죽거나 다쳐 수비가 어려운 데다 탄약도 떨어져 항복은 시간 문제였다.

　그날 아침, 빈이 내려다보이는 칼렌베르크 고지에 신성 로마 제국의 동맹군이 도착했다. 바이에른군 8,000명, 작센군 9,000명, 로렌 공작 샤를 5세의 오스트리아군 2만 명. 또 하노버 공국의 후계자 게오르크 공자가 기병 600명을 이끌고 도착했다. 게오르크 공자는 후에 영국 왕 조지 1세가 된다. 그 밖에 프랑스에서 도착한 사보이아 공자 오이겐이 있었다. 후에 오스트리아 최고의 명장이 된 프린츠 오이겐이다. 프랑스 왕 루이 14세는 숙적 합스부르크가의 힘을 약화시킬 목적으로 오스만 제국과 동맹 관계를 맺었다. 프랑스군 입대를 바라던 오이겐은 무슨 이유에서인지 루이 14세의 눈 밖에 나 냉대를 받았기 때문에 프랑스를 단념하고 동맹군에 참가했다. 그는 훗날 프

❖ 그림 5-1: 대재상 카라 무스타파 파샤 ❖ 그림 5-2: 슈타르헴베르크 대장. 빈 수비대의 지휘관이었다.

랑스군의 큰 골칫거리가 된다.

이와 별개로 우익에 포진할 예정이던 폴란드 왕 얀 3세 소비에스키의 1만 8,000명의 병사가 아직 전장에 도착하지 않은 상태였다. 로렌 공령은 한 해 전 루이 14세에게 점령당해 프랑스령이 되었기 때문에 로렌 공 샤를은 영지가 없는 상태였다. 레오폴트 1세 황제는 폴란드에 압력을 가해 얀 3세를 퇴위시키고 샤를을 폴란드 왕에 세우려고 획책한 바 있다. 그런 과거가 있던 두 사람이었지만 여기서는 로렌 공이 한 발 물러서 얀 3세가 동맹군 최고 지휘관을 맡게 되었다.

다음 날인 12일 오전 5시. 우익에 포진한 동맹군과 오스만군의 소규모 전투가 시작되어 오전 10시 독일 제후군은 선신 거점을 확보했다. 오후 2시가 되자 울창한 삼림지대를 간신히 빠져나온 폴란드 기병대가 마침내 고지의 우익에 모습을 드러냈다. 여기서 로렌 공은 전진을 주저했다. 마침내 아군이 모두 모였으니 총공격은 내일로 미루는 것이 좋을 것이라는 생각에서였다. 이때 작센군의 폰 데어 골츠 원사가 진언했다. '신은 우리에게 승리의 길을 보여주고 있습니다. 쇠는 뜨거울 때 치라는 말도 있지 않습니까.' 그 말을 듣고 로렌 공은 '진격하라!(Allons marchons!)'라고 외쳤다.

오후 5시경, 바에에른군은 오스만군의 본진을 위협하는 지점까지 진출했다. 카라 무스타파는 예언자 무함마드의 신성한 깃발이 기독교도들에게 빼앗기는 것을 두려워하며 동요했다. 얀 3세는 이때를 노려 돌격을 결심했다.

'예수, 마리아여, 보호하소서!(Jezus Maria ratuj!)' 폴란드군이 자랑하는 유익(有翼) 기병대가 이렇게 외치며 고지를 내달려 결정적인 일격을 가했다. 중장 기병대 무리는 압도적인 기세로 적을 무찔렀다. 예니체리(오스만 황제 친위대)의 분전으로 신성한 깃발은 지켰지만 1시간여 만에 오스만군은 패주했다. 오후 10시에는 모든 잔당이 소탕되었다. 7만 명 남짓한 기독교 세력이 15만 명에 이르는 오스만군을 격파하는 기적적인 역전 승리를 거둔 것이다.

다음 날, 슈타르헴베르크는 얀 3세를 얼싸안고 '당신은 기독교 세계의 구세주다'라고 칭송했다. 득의만면한 얀 3세는 빈에 입성하면서 카이사르의 명언 '왔노라, 보았노라, 이겼노라'를 흉내 내 '왔노라, 보았노라, 신은 이겼노라'라고 말했다. 하지만 로렌 공은 황제가 귀환하기 전에 개선 퍼레이드를 하는 얀 3세의 자기 과시욕이 마뜩치 않았다.

✤ 그림 5-3: 폴란드 왕 얀 3세 소비에스키(중앙 좌측)와 레오폴트 1세 황제의 회견

레오폴트 1세도 금방 빈에 도착해 얀 3세와 회견했다(그림 5-3). 얀 3세는 이번 기회에 아들 야쿠프와 레오폴트의 황녀의 혼인을 추진 해 아들의 장래를 보장받을 생각이었다. 폴란드의 왕위는 선거로 정 해지기 때문에 아들이라고 반드시 왕위를 세습할 수는 없었다. 하지 만 황제가 그 자리에 동석한 16세의 야쿠프를 냉대해 얀 3세의 기분 을 상하게 했다고 한다. 이후 폴란드가 오스만 제국과 대적하는 동 맹에 정식으로 가입하면서 얀 3세는 오스만 제국과의 전쟁에 휘말 리게 된다.

대재상 카라 무스타파는 세르비아의 베오그라드에서 재선을 시도 했지만 그를 기다리는 것은 메흐메드 4세의 뜻밖의 칙명이었다. 그 는 패배의 책임을 지고 죽음을 맞는다. '내가 죽는단 말인가? ……알 라의 뜻이라면'이라고 준얼거렸을 때 에니체리 빙사 두 녕이 좌우에 서 비단 끈을 당겨 그의 목을 조였다(그림 5-4).

✤ 그림 5-4: 대재상 카라 무스타파의 처형

프린츠 오이겐은 슈타르헴베르크 원수의 추천으로 정식으로 레오 폴트 1세 황제가 되었다. 수년 후, 모하치 전투에서 로렌 공과 오이 겐의 군은 오스만군을 궤멸시켰다. 민심을 잃은 메흐메드 4세는 퇴 위를 강요당해 여생을 감금된 채 보내고 오스만 제국도 쇠퇴의 길을 걷는다.

폴란드의 중장 기병 후사리아(Husaria, 그림 5-5)는 등에 단 거대한 천사의 날개와 같은 장식, 스크시드워(Skrzydło)로 유명하다. 영어권 에서는 유익 기병 윙드 후사르라고 부른다. 실로 '기독교 세계의 구 세주'에 걸맞은 복장이었다. 군장도 강력했는데 한 손에는 깃발로 장 식한 5미터가 넘는 장창 코피아(Kopia)를 들고 왼 허리에는 동양풍의 휘어진 군도 사블라(Szabla)를 찼다. 이것은 18세기 이후 유럽 각국에 보급된 기병용 검 사벨(sabel)의 원형이다. 그때까지 유럽의 도검은 중세의 기사들이 애용한 직선형이 주류였으며 휘어진 형태의 오스만풍 도검은 드물었는데 말 위에서 사용하기에는 최적의 형태였다. 또 마체(馬體)에는 2미터에 이르는 장검 콘체슈(Koncerz)를 장착해, 거리가 먼 적을 공격하는 데 이용했다. 안장 앞쪽, 마체의 좌우에는 반돌레트(Bandolet)라고 불리는 권총 두 정을 장착해 총기를 사용한 전투에 대비했다. 투구 역시 동양의 영향이 강한 시샤크(Szyszak)

✤ 그림 5-5: 폴란드의 중장 기병
후사리아(이른바 유익 기병)

라고 불리는 것을 사용했으며 돌격할 때는 가드를 내려 안면을 보호할 수 있었다. 적의 화살을 피하기 위해 왼쪽 어깨에는 방패 대신 표범의 가죽을 망토처럼 걸쳤다.

군의 지휘를 맡은 사령관(그림 5-6)들은 호화로운 천으로 만든 동양풍의 긴 상의 주판(Zupan) 위에 망토를 걸치고 출격했다. 그들은 불라바(Bu-lawa)라고 불리는 끝 부분에 둥근 공이 달린 곤봉을 들고 있었는데, 본래는 전투용으로 사용하던 곤봉이 지휘관의 상징이 된 것으로 서구의 여러 국가에서 원수봉이라고 부르는 지휘봉에 해당한다.

전체적으로 유럽보다는 오스만군의 양식에서 강한 영향을 받은 동양적인 군장이었기 때문에 독일 제후군의 장병들도 눈이 휘둥그레졌을 것이다.

✤ 그림 5-6: 폴란드군 사령관

폴란드 기병의 용맹함은 전설적인 것이었다. 스웨덴의 구스타브 2세 아돌프는 메웨 전투(1626년)에서 이를 저지하기 위해 총병을 활용했다. 이 전투 이후, 그는 머스킷 총병의 중요성을 인식했을 뿐 아니라 기병대를 활용한 돌격 전술에 집중해 스스로 기병 부대를 지휘했을 정도니 폴란드 기병이 그에게 얼마나 강렬한 인상을 남겼는지 짐작할 수 있다. 그가 폴란드와의 전쟁에 돌입한 것은 선대 스웨덴 왕 지기스문트가 폴란드 국왕을 겸했던 것을 근거로 폴란드 왕이 스웨덴의 왕위를 주장했기 때문이다.

폴란드 기병대의 가장 큰 특징인 날개 장식에 관한 가장 오래된 기록은 1574년의 것이다. 1572년 폴란드 왕위를 세습해온 야기에우워 왕가가 단절되면서 폴란드의 귀족 의회는 공모를 통한 선거제로 국왕을 선출하기로 결정했다. 그리하여 프랑스 왕가의 앙리(폴란드 이름은 헨리크)가 국왕이 되었다. 앙리를 수행한 주르 도 빌몬테는 '이 나라의 기병은 말에 커다란 특제 장식을 달았다. 그것은 프랑스에서 흔히 사용하는 타조 깃털이 아니라 독수리의 깃털을 촘촘히 꽂아서 만든 거대한 장식으로 위장 전술로 사용하거나 사람들을 위압하기 위한 것이었다' 등으로 기록했다. 즉, 기병의 모습을 실제보다 더 크게 보이도록 해 적을 위협하기 위한 목적이었을 것이다. 또 거대한 깃털 날개가 바람을 가르며 굉음이 울려 퍼졌다. 기병 무리가 요란한 굉음과 함께 돌격하면 엄청난 위협 효과가 있었을 것이라는 것도 흔히 제기되는 설이다.

그보다 앞선 16세기 초 동유럽의 기병은 방패를 들었는데 거기에 날개를 그려 넣었다. 그리고 머지않아 오스만 제국 산하의 세르비아 기병이 팔에 날개와 같은 방어구를 장착하게 된다. 즉, 당초에는 오스만군 기병이 초기 형태의 날개를 장착했던 것이나. 그 영향을 받은 폴란드 기병이 16세기 후반 마체나 안장에 날개를 장착하게 되었

✤ 그림 5-7: 폴란드 유익 기병의 에칭화(스테파노 델라 벨라 작,
1648~50년)

다. 국왕 앙리를 수행한 프랑스인들이 본 것도 이 무렵의 '유익 기병'
이었을 것이다. 그 목적은 역시 군장에 위압감을 더하고 적이 기병
을 쓰러뜨리기 위해 던지는 올가미를 무력화시키는 효과도 기대할
수 있었을 것이라는 설이 있다.

한편, 국왕 앙리는 형 샤를 9세가 갑작스럽게 세상을 떠나자 폴란
드 왕위를 버리고 도망쳐 프랑스의 왕위를 계승한 앙리 3세로 즉위
했으나 종교 대립으로 암살당하면서 발루아 왕조가 멸망하고 부르
봉 왕가가 등장하게 되었다.

세월이 흘러 1645년 폴란드 왕 브와디스와프 4세가 약혼자를 맞기
위해 파리로 파견한 사절단 소속의 유익 기병의 모습을 그린 스케치
가 남아 있는데 이것이 가장 오래된 회화 자료이다. 판화가 스테파

✤ 그림 5-8: 얀 3세 소비에스키. 동양풍의 미늘 갑옷을 입
고 있다(대니얼 슐츠 작, 1677~80년)

노 델라 벨라의 에칭화(그림 5-7)에는 타조의 깃털로 만든 듯한 거대
한 날개를 장착한 기병의 모습이 묘사되어 있다.

이처럼 등에 천사의 날개를 장착한 유익 기병의 모습이 널리 알려
지게 된 것은 얀 3세 소비에스키 왕의 시대였다. 얀 3세는 원래 유능
한 군인으로 명성이 자자했으며 1673년 오스만 제국과의 전투에 승
리하면서 이듬해 국왕에 선출되었다. 1683년 당시에는 이미 전성기
가 지난 때로 50세가 넘은 나이에 비만 때문에 혼자서는 말에도 오르
지 못할 정도였다고 한다. 하지만 그가 강력한 폴란드 기병 부대를 보
다 근대적으로 소식하고 상비와 전술을 통일한 것은 분명해 보인다.

빈 전투에서 동양의 영향이 짙은 미늘 갑옷을 입고 원수봉을 손에

든 얀 3세가 유익 기병의 선두에 선 모습은 수많은 명화의 소재가 되었다(그림 5-8).

한편 전장에서는 '천사의 날개'를 장착하지 않았을 것이라는 설도 존재한다. 퍼레이드나 행군 때만 사용하던 의장용 장식으로 실전에서는 장착하지 않았을 것이라는 말이다. 그렇게 되면 다수의 명화에 그려진 유익 기병의 돌격 장면 속 '날개'도 존재하지 않았을 것이다. 어떤 설이 됐든 결정적인 근거는 남아 있지 않다. 하지만 이 경우에도 득의만면한 얼굴로 빈에 입성한 얀 3세가 기독교 세계의 구세주라는 칭송을 받았을 때나 레오폴트 1세 황제와 회견할 때 유익 기병들의 등에는 거대한 천사의 날개가 있었을 것이 틀림없다.

❧ 오스만 제국의 늑골복

당시 세계 최강국이었던 오스만 제국의 군장에는 이후 유럽을 비롯한 전 세계 군복에 강한 영향을 미친 양식이 있었다. 늑골복이라고 불린 것으로 프랑스에서는 돌먼(Dolman)이라고 불렀는데 이것은 터키의 외투 돌라만에서 유래했다. 양쪽 가슴에 여러 개의 단추와 장식 매듭을 배치한 화려한 디자인이 갈비뼈처럼 보였기 때문에 일본에서는 늑골복(肋骨服)이라고 불리었다. 한편, 독일어권에서는 아틸라(Attila)라는 통칭으로 알려져 있는데 이것은 고대 로마 제국을 붕괴시킨 훈 제국의 군주 아틸라의 이름을 딴 것으로, 흉악한 동양의 군복이라는 의미가 담겨 있다.

✤ 그림 5-9: 오스만 황제의 친위대 예니체리의 군단장(마상)과 병사

❖ 그림 5-10: 황제가 하사한 식사를 나르는 예니체리 병사들. 중대장은 커다란 배식용 주걱을 들고 있다. 1809년경 제작된 회화(영국 외교관 스트래퍼드 캐닝이 수집한 화집을 참조).

    황제 친위대 예니체리(그림 5-9)는 엘리트 부대였기 때문에 뵈르크라고 하는 높이가 높은 모자에 카슈크루크라는 모장(帽章)을 달아 표식으로 삼았다. 예니체리뿐 아니라 일반 오스만군도 병사의 체격이 더 크게 보이도록 높이가 높은 군모를 썼다. 일반 병사는 흰색 뵈르크, 황제의 부관은 빨간색 뵈르크를 썼다. 모장은 스푼 모양이었는데 이것은 '황제와 같은 솥에 지은 밥을 먹는다(실제 하루에 한 번 황제가 하사한 식사를 큰 냄비에 담아 먹었다)'는 예니체리의 독특한 자부심을 보여주는 것이었다(그림 5-10).

    늑골복은 더욱 특별한 취급을 받았다. 오스만 제국에서는 역대 황제와 황족을 비롯해 예니체리 중에서도 황제의 경호를 맡은 직속 위병, 예니체리 병사를 감독하는 정치 장교, 행정관 등이 착용하던 것으로 점차 일반적인 고급 장교들이 착용하게 되었다. 다시 말해, 고위층의 복장으로, 아무나 입을 수 있던 것이 아니었다. 당시 오스만 군에는 근대적인 복제가 없었기 때문에 당대 황제의 취향에 따라 복장을 통일했으며 19세기가 될 때까지 서구적인 의미의 군규는 존재하지 않았다.

강력한 적의 복장은 그들과 맞선 상대편에게도 깊은 인상을 남기는 법이다. 폴란드 귀족들은 이 늑골복의 디자인을 그들이 입던 긴 상의 주판(Żupan)에 채용했다. 한편, 오스만 제국에 패한 세르비아의 기병들도 이를 모방했는데 그들 중 다수가 헝가리로 이주해 헝가리 기병으로 활약했으며 1692년에는 일부가 프랑스군에 들어가 후사드 (Hussard, 그림 5-11)라고 불리게 되었다. 흔히 경기병 또는 헝가리 경기병 등으로 불리는 병과이다.

그들은 당초 돌먼 위에 늑대 등의 모피로 만든 망토를 걸쳤다. 폴란드 기병과 마찬가지로 어느 정도 방어력을 노린 것이었는데 돌먼과 거의 비슷한 디자인의 상의를 모피로 덧댄 후 망토처럼 왼쪽 어깨에 걸치는 기묘한 복장이 되었다. 이것은 본래 소매가 긴 외투를 즐겨 입던 오스만 병사들의 패션을 모방한 것이었다고 한다. 이런 상의를 플리스(Pelisse)라고 불렀다. 머리에는 칼팍(kalpak)이라는 모피 모자를 썼는데 이것도 오스만풍의 높이가 높은 모자로 원래는 폴란드 등의 동유럽에서 유행해 프랑스를 비롯한 전 유럽으로 퍼진 양식이다. 무릎길이의 헝가리풍 부츠와 다리에 밀착되는 헝가리풍 승마바지 등 이후 유럽 기병들의 기본 스타일에 영향을 미친 요소도 많다. 허리에 찬 검 역시 동양풍의 휘어진 검, 시벨이다. 시벨과 함께 프랑스어로 사브르타쉬(터키어로는 사벨타셰)라고 불리는 작은 가방을

✤ 그림 5-11: 후사드(나폴레옹 시대의 프랑스군)

착용했다. 원래는 지도나 서류를 넣는 용도였지만 차츰 부대 번호 등을 표시하는 장식품이 되었다. 늑골복에 달린 단추의 개수는 시대와 계급 또는 부대에 따라 차이가 있었다. 경기병들은 엘리트 병사였기 때문에 부사관 및 병에 이르기까지 모두 늑골복을 입었다.

그 후, 실제 프랑스군의 헝가리 출신 경기병은 점점 감소해 프랑스와 독일인 등이 주류가 되었지만 동양적인 군장은 계속 유지되어 나폴레옹 시대가 되자 화려함의 절정을 맞았다. 또 19세기에는 기병뿐 아니라 포병 등도 늑골복을 입게 되면서 머지않아 프랑스 육군의 거의 모든 병과와 뒤에서 이야기할 19세기 일본 육군의 군장에까지 영향을 미쳤다.

한편, 유익 기병의 영예로운 역사는 얀 3세 시대와 함께 쇠퇴의 길을 걷는다. 근대적인 총화기의 보급으로 활약할 기회가 줄어든 폴란드 중장 기병은 점차 축소되어 1775년에는 완전히 해체되었다. 그 후로는 새롭게 편성된 창기병 연대에 그 자리를 내어주게 된다. 얀 3세는 1696년 66세를 일기로 세상을 떠났다. 그가 오스만 제국과의 전쟁에 몰두하는 동안 구령(舊領) 프로이센은 완전히 독립해, 프로이센 왕국이 탄생한다. 그리고 이 프로이센, 러시아, 오스트리아의 압력으로 폴란드 왕국이 멸망한다. 장남 야쿠프는 국왕 선거에 패했다. 독일의 작센 선제후가 다음 국왕이 된 것도 폴란드의 망국을 앞당긴 원인 중 하나였다.

제6장
프리드리히 대왕과 '프러시안 블루'의 시대

❧ 국가색의 등장

스웨덴 왕 구스타브 2세 아돌프가 근대식 군복을 제정한 이래 연대별로 색상을 통일하는 방식이 널리 퍼졌는데 이는 차츰 국가별 기본색을 정하는 방향으로 흘러갔다. 그 경향은 근대적 국민 국가 성립에 다가갈수록 명확한 움직임으로 나타났다.

• 영국

스웨덴군에 참가해 30년 전쟁의 가혹한 실전을 경험한 잉글랜드와 스코틀랜드 출신의 장병들은 1632년 구스타브 아돌프 왕이 뤼첸에서 전사한 후 수년 이내에 대륙을 떠나 대부분 영국으로 귀환했

다. 스웨덴군에 있던 제임스 스펜스 소장이 영국 왕 찰스 1세(그림 6-1)에게 스웨덴 군복의 실태를 보고한 내용은 제3장에서 다룬 바 있다. 그는 경애하는 구스타브 아돌프의 전사에 큰 충격을 받았다고 알려지며 같은 해인 1632년 세상을 떠났다.

1642년에 시작된 청교도

❧ 그림 6-1: 찰스 1세(다니엘 미튼스 작. 1629년). 여전히 중세적인 더블릿 차림이다.

혁명과 그 후 이어진 내전에는 30년 전쟁을 치르고 귀환한 다수의 베테랑 병사들이 참여했는데, 대륙에서 가져온 기사도 정신과는 거리가 먼 전법과 전술이 내전을 한층 격화시켰다고 한다. 거기에는 장비와 복장을 통일하는 발상도 포함되어 있었다. 가장 유명한 것이 1645년 2월 올리버 크롬웰이 창설한 신모범군(New Model Army, 그림 6-2)이 채용한 빨간색 군장이었다고 한다. 브리타니아는 고대 로마 시대부터 빨간색 염료의 원료인 패각충의 특산지였다. 초기의 보병 연대는 흰색을, 같은 해 5월부터는 연대마다 옷깃이나 옷소매에 다른 색상을 사용해 식별하는 방식이 채용되었다.

1649년 찰스 1세의 처형과 그 후 크롬웰의 독재와 그의 죽음 이후 1660년의 왕정복고로 린딘에 돌아온 찰스 2세는 구적 크롬웰의

❀ 그림 6-2: 신모범군 병사. 흰색과 하늘색 실을 엮어서 민든 끈이 딜린 하늘섹 탄닝(화악과 탄약을 수납하는 용도)을 벨트에 매달았다. 니트 소재의 먼머스 캡을 쓰고 있다.

유해를 부관참시하는 한편 자신의 복귀를 지지해준 신모범군 관계자에 경의를 표하며 근위 연대의 군복을 빨간색으로 제정했다. 이것이 지금도 버킹엄 궁전의 근위병들이 입고 있는 빨간색 제복의 유래이다. 이후 빨간색은 영국 육군 전체의 통일색이 되었다. 즉, 국가의 색상으로 연대를 알 수 있는 가장 오래된 사례는 1645년 영국 내전 당시에 탄생한 빨간색이라는 것이 정설이다.

• 스웨덴

근대 군복의 원조인 스웨덴군도 프랑스 등에서 일어난 더욱 근대적인 군제와 군복 개량에 발맞춰 변화를 이루어냈다. 다시 프랑스와 동맹 관계를 맺은 국왕 카를 11세는 그 당시 루이 14세가 추천했던 이른바 페르시아풍의 '신형 군복' 4벌을 선물 받았다. 전부 파란색 상의에 빨간색 커프스가 달린 이 군복은 지금도 스톡홀름에 있는 스웨덴 육군 박물관에 보존되어 있다(그림 6-3). 1682년 카를 11세는 새로운 국민군 카롤리너를 창설하면서 프랑스식 군장을 참고해 파란색 상의에 노란색 커프스와 베스트 그리고 흰색 반바지와 검은색 삼각모를 군장으로 제정했다. 이후 스웨

✤ 그림 6-3: 스웨덴 육군 박물관에 있는 군복

덴 국기의 배색이기도 한 파란색과 노란색이 스웨덴 군복의 기본색으로 정착했다.

• 프로이센

스웨덴군의 프로이센 침공을 거쳐 폴란드의 지배를 벗어난 프로이센 공국도 파란색을 채용했다. 프리드리히 3세가 브란덴부르크 선제후 및 프로이센 공작의 지위에 오른 1688년 혹은 그 직후였을 것으로 생각된다. 프리드리히 3세는 1700년 신성 로마 제국의 레오폴트 1세 황제에게 병력 제공을 약속하는 대가로 '프로이센 왕'이라는

⚜ 그림 6-4: '프로이센 왕' 프리드리히 1세. 파란색 옷을 입고 있다(앙투안 펜 작, 1713년 이전의 초상).

칭호를 사용해도 좋다는 인가를 받았다. 신성 로마 제국 내의 정식 국왕이 아니라 최근까지 다른 나라였던 프로이센 내에서라면 왕이라는 칭호를 사용해도 좋다는 미묘한 뉘앙스였다.

그리하여 프로이센 왕국이 탄생했다. 프리드리히 3세는 1701년 '프로이센 왕' 프리드리히 1세가 되었다(그림 6-4). 1706년 베를린 근교에서 감청색(페로시안화 제이철) 염료의 화학 제법이 발명되면서 프러시안 블루라는 이름이 붙었으며 이 염료를 사용한 프로이센의 파란색 군복도 같은 이름으로 유명해지면서 마침내 전 유럽을 크게 요동치게 만들었다.

• 러시아

근대 국가로서 첫 발을 내딛은 러시아 제국에서는 표트르 대제(1세, 그림 6-5)가 다양한 시행착오를 겪으며 개혁을 추진하고 있었다. 그중에서도 근대적인 국군의 정비가 급선무였다. 러시아 군복의 기본색으로 유명한 녹색이 처음 등장한 것은 1702년 말의 열병식이었다. 다만, 이 시점의 정식 예장이 빨간색이었던 것을 보면 처음부터 통일색으로 사용되었던 것은 아니었던 듯하다. 하지만 적어도 근위 연대에서 녹색을 채용한 것은 확실하다. 당시 표트르 대제는 새로운 군복의 기본형을 헝가리풍 늑골복과 프랑스풍 쥐스토코르 중에서 고민하다 보다 서구적인 프랑스풍을 도입하기로 결정했다. 그리고 근위 연대의 색상을 녹색으로 지정했다. 표트르 대제의 개인적인 기호가 반영된 것이 분명한데 이후 러시아군이 채용한 녹색은 '차르 그린(황제의 녹색)'이라고도 불리었다. 또한 표트르 대제는 18세기 독일

❖ 그림 6-5: 표트르 대제. 근위연대의 녹색 군복을 입고 있다(폴 들라로슈 작, 1838년)

❖ 그림 6-6: 예카테리나 2세. 근위연대의 녹색 군복을 입고 쿠데타를 지휘했다(비길리우스 에릭슨 작, 1762년).

제국에서 유행하기 시작한 승마복 형태의 군복을 독일풍이라고 부르며 1703년 제복으로 채용했다. 프랑스풍보다 앞여밈이 깊고 단추가 많은 형식이다.

1762년 예카테리나 황후가 직접 녹색 근위 연대의 군복을 입고 쿠데타를 일으켜 예카테리나 2세 황제로 즉위했다(그림 6-6). 그 후, 혹한기용 외투(오버코트)에 녹색이 널리 사용되면서 러시아군을 상징하는 색으로 정착했다. 1797년 러시아 전군의 국가색으로 정식 지정되었다.

✤ 그림 6-7: 오스트리아의 프란츠 요제프 1세 황제. 육군 원수의 예복인 흰색 상의에 빨간색 바지를 입고 있다(카를 루스 작, 1862년).

✤ 그림 6-8: 오스트리아의 프란츠 요제프 1세 황제. 하늘색 상의와 빨간색 3줄선(굵은 선, 가는 선, 굵은 선)이 들어간 검은색 바지를 조합한 정복을 입었다(아돌프 퍼쉬 작, 1900년).

• 오스트리아

　신성 로마 제국의 본가, 오스트리아 대공국의 군복은 흰색이다. 어떤 의도나 이유가 있어서 실용성 면에서 문제가 있는 흰색을 채용한 것이 아니라 18세기 초 주변 국가들이 통일색을 정해나갈 때 '아무 염색도 하지 않은 양모' 옷감 즉, 회색의 군복을 사용하기 시작한 것이 원점이었던 듯하다. 1740년 마리아 테레지아가 즉위했을 때 공식 색상으로 제정되었다. 금방 때가 탔지만 색조에 관계없이 표백 점토로 희게 만들면 그만이라 오히려 관리가 쉬웠다. 12세기 이래 대공국의 전신 오스트리아 공국의 군기에 사용된 빨간색과 흰색을 반영

해 1760년대부터는 예복에 흰색 상의와 빨간색 바지를 채용했으며
(그림 6-7) 기병과에서도 빨간색 바지를 사용했다. 1798년 이후 채용
된 하늘색 야전복은 미국 남북전쟁 당시 남군의 '회색 군복'에 영향을
미쳤다. 나폴레옹 전쟁 이후 오스트리아 제국에서는 장성의 정복에
독일식으로 빨간색 3줄선을 넣은 검은색 바지를 채용했다(그림 6-8).

• 프랑스

근대식 군복 도입에 선구적인 역할을 한 프랑스 육군은 국가로서
의 통일색을 제정할 계기를 잃은 듯했다. 근위 연대, 스위스 위병대
등은 빨간색을 기본색으로 사용했으며 프랑스 위병대, 총사대 등 그
밖의 왕실군은 파란색에 부르봉 왕가의 상징인 흰색과 빨간색 등을
함께 사용했다. 그 밖의 일반 연대에서는 중기병의 파란색, 용기병
의 녹색과 같이 병과별 색상도 일부 도입되었으나 결국 통일을 이루
지 못한 채 18세기 말의 혁명기를 맞게 된다.

• 미국

1779년 '신대륙'에서 탄생한 새로운 육군의 색상으로 조지 워싱턴
사령관이 선택한 것은 파란색이었다. 독립 전쟁 당시, 영국 본국군
의 빨간색 군복과 확연히 구별되는 색조가 필요했던 것이다.

1775년 '대륙군'이 편성되었을 때 임시방편으로 초목 염색으로 물
들인 갈색 또는 보라색 제복을 도입하려고 했으나 보급되지 않았다.
그 후, 프로이센식 군사 교련을 도입하면서 군복노 프로이센풍을 재
용했다. 조지 워싱턴 본인도 파란색 상의와 노란색 베스트의, 프리

드리히 대왕을 연상시키는 군복을 착용했다(그림 6-9). 이 파란색과 노란색의 조합이 미국 육군의 기본색으로 정착해 오늘에 이르렀다. 또 1780년부터는 장성의 견장에 성장(星章)을 부착하게 되었다.

그런데 왜 초기의 군복은 하나같이 화려한 원색을 사용했던 것일까. 전장에서 지나치게 눈에 띄는 배색은 위험했을 것이다.

가장 큰 이유는 검은색 화약 때문이었다. 당시의 화약은 불을 붙이면 맹렬한 기세로 연기가 퍼졌기 때문에 전장은 한치 앞도 보이지 않는 상황이었다. 한편, 총의 성능이 낮아서 멀리서 저격당할 걱정이 없었다. 18세기까지는 우연히 맞거나 유탄에 의한 사상자가 대부분이었으며 총격전은 전열을 갖춘 부대가 상대편 집단을 향해 발사하는 식이었다. 그런 상황이었기 때문에 적의 눈을 피하기보다는 지휘관이 아군의 위치를 정확히 파악하는 것이 더 중요했다. 그런 이유로

✤ 그림 6-9: 조지 워싱턴 중장

노란색, 파란색, 빨간색 같은 원색을 선호했으며 금이나 은 자수 또는 매듭 세공 등의 화려한 장식이 이용되었다. 1884년 프랑스의 폴 베이유가 무연 화약을 개발할 때까지 상황은 크게 달라지지 않았다.

또 한 가지 이유로 신산흥업을 들 수 있다. 군대가 거대화되고 국가가 제복의 조달을 관리하게 되면 피복 산

✤ 그림 6-10: 프리드리히 대왕. 만년의 초상으로 제15친위 근위연대의 약식 제복(야전복)을 입고 있다.

업과 장식 산업 그리고 옷감 생산업자 등의 기술력이 높아져 국가의 생산력이 확대된다. 그런 의도로 루이 14세와 나폴레옹은 의식적으로 군복을 화려하고 호화롭게 만들었다.

하지만 또 다른 이유도 있었다. '눈에 띄는 군복을 입히면 병사들이 도망치기 힘들다'는 것이었다. 특히, 그 필요성을 통감한 것이 프리드리히 2세(그림 6-10)가 이끌었던 18세기 중반의 프로이센 육군이었다. 프리드리히 대왕의 프러시안 블루 군복을 입은 군대만큼 잘 싸우고, 잘 견디며, 병사들이 잘 도망친 군대는 역사상 유례를 찾기 힘들 것이다.

✦ '군인왕' 아버지와 '군신' 아들

초대 '프로이센 왕' 프리드리히 1세는 낭비가 심했다. 그 뒤를 이은 프리드리히 빌헬름 1세(그림 6-11)는 그런 아버지를 보고 자란 반작용 때문이었는지 굉장히 인색한 인물이었다. 문화와 예술을 사랑한 아버지에게 반감을 가진 조야하고 교양 없는 2대 왕이었지만 국가 경영자로서는 뛰어난 역량을 발휘하며 차입 재정을 훌륭히 극복했다. 그가 막대한 국가 예산을 들여 완성한 것이 인구 400만 명의 소국에 어울리지 않는 8만 명 이상의 병력을 갖춘 육군과 이를 뒷받침하는 징병구(Kantons) 제도이다. 국내를 징병구로 나눠 연대를 할당하고 주민들을 병사로 징집했다. 지역 연대가 원대인 사관 후보가 원대의 장교단 소속으로 부대 근무를 하며 교육을 받는 프로이센 육군의 방식은 훗날 일본 육군에 큰 영향을 미쳤다.

누구보다 군대를 사랑한 왕은 '군인왕'이라는 별명으로 불리었다. 부왕이 남긴 중국 도자기 컬렉션을 모두 작센 공작에게 선물하고 그 대가로 기병 연대를 이적시켰다. 이 도자기를 참고로 해서 만들어진 것이 유명한 작센의 '마이센 도자기'이다.

군인왕의 유일한 취미는 '거인병' 수집이었다. 신장 6피트 2인치(약 188센티미터) 이상의 남성을 발견하면 납치를 해서라도 군에 입대시켜 자신의 근위 척탄병 연대에 배속했다(그림 6-12). 신장이 유일한 입대 기준으로 개중에는 지적 장애인도 있었다고 한다. 왕은 열병 중에 최소 두 번이나 그가 총애하는 거인병의 공격으로 죽을 고비를 넘겼다. 그와 외교 관계를 맺으려는 외국 왕후들은 금전이나 사치품을 선물하는 대신 6피트 6인치(약 198센티미터) 이상의 거구의 남성을 헌

❧ 그림 6-11: 왕태자 시절의 프리드리히 빌헬름 1세. 후의 '군인왕'이다(파울 카를 라이게베 작, 1706년).

❧ 그림 6-12: 프로이센군 근위 척탄병연대의 적색 대장 '거인병' 슈베리드 레디바노프(독일어 표기. 러시아인으로 본명은 불명). 러시아의 표트르 대제가 선물한 거인병이었다. 척탄병용 마이터(주교관)에도 주목(메르크 작, 1724년 이후)

정했다.

　그러나 오해해서는 안 된다. 군인왕은 군대와 거인병을 좋아했을 뿐 전쟁을 좋아한 것은 아니었다. 군대는 그가 아끼는 장난감이자 병정놀이와 퍼레이드의 도구였다.

　군인왕의 고민은 장남인 왕태자 프리드리히(그림 6-13)였다. 그가 본 아들은 다음과 같았다. —학문이나 음악 같은 '시시한 취미'에만

❖ 그림 6-13: 프리드리히 왕태자(앙투안 페느 작, 1736년)   ❖ 그림 6-14: 카테 소위(게오르그 리시에브스키 작, 1730년)

푹 빠져 있는 것이 부왕을 그대로 닮았다. 특히, 크반츠라는 교사가 온 뒤로는 플롯만 불고 있다. 그래도 작센의 프리드리히 아우구스트 (겸 폴란드 왕 아우구스트 2세)의 궁정 악단에서 크반츠를 빼내온 것만은 통쾌한 일이다(요한 요하임 크반츠는 플롯 음악의 일인자로 현재도 수백 곡이 전해진다).

가장 괘씸한 것은 군사와 교련을 싫어한다는 것이다. 장래에 군의 사령관이 되어야 할 자로서는 당치도 않은 자질이다. 게다가 여자를 꺼리는 경향까지 보인다.

여성에게 '흥미가 없는' 것은 상관없었다. 군인왕 본인도 이런 말을 남겼다. '짐은 세계 최고의 미소녀나 여성 따위에는 관심이 없다. 하

지만 키가 큰 남성! 그것은 분명 짐의 약점이다' 하지만 왕태자가 여
성을 '꺼리는' 것은 의무로서도 용인될 수 없었다. 이를 우려한 부왕
은 어머니와 아내의 친정이기도 한 영국 왕실의 하노버 가 왕녀와 혼
담을 성사시켰다. 프리드리히의 나이 18세 무렵이었다. 왕태자는 의
외로 순순히 받아들이는 듯했다.

그리고 사건은 일어났다. 1730년 8월 15일 왕태자는 절친한 친구
—아마도 그 이상의 관계였을 한스 헤르만 폰 카테 소위(그림 6-14)의
계책을 따라 만하임의 궁정을 탈출했다. 포츠담에서 기다리는 카테
와 합류해 영국으로 도망칠 계획이었다. 하지만 그들의 비밀스런 계
획은 이미 부왕에게 알려져 두 사람은 붙잡히고 만다. 왕태자는 그
대로 퀴스트린 요새의 탑에 감금되고 카테는 반역죄로 군법 회의에
회부되었다. 종신형 판결이 내려지자 격노한 부왕이 항소하며 '카테
가 죽는 것이 세상에서 정의가 사라지는 것보다 낫다'고 위압하자 결
국 참수형이 선고되었다(그림 6-15).

11월 6일 부왕은 아들에게 카테가 처형되는 모습을 똑똑히 지켜보
도록 명했다. 활짝 열린 탑 창문에서 프리드리히는 프랑스어로 이렇
게 외쳤다.

'Veuillez pardonner mon cher Katte, au nom de Dieu, pardon-
ne-moi!(용서해주오, 나의 사랑하는 카테여. 하느님을 대신해 나를
용서해주오!)'

처형대에 선 카테도 프랑스어로 응수했다.

'Il n'ya rien à pardonner, je meurs pour vous la joie dans le
coeur!(무엇을 용서하겠는가. 나는 당신을 위해 기꺼이 죽음을 맞

✤ 그림 6-15: 카테의 처형(1730년). 탑에 갇힌 프리드리히 왕
자가 창을 통해 외치고 있다.

겠다!)'

카테가 참수당하는 순간 프리드리히는 정신을 잃고 쓰러졌다고
한다. 이것이 연인의 영원한 이별 장면이 아니면 무엇이란 말인가.

그 후, 프리드리히는 죽을 때까지 두 번 다시 카테의 이름을 입에
올리지 않았다고 한다.

그 후 프리드리히는 적어도 표면적으로는 부왕에 순종했다. 1731
년에는 제15보병연대의 셰프(chef, 이른바 명예 연대장. 지휘관인 대령의 위
로 연대의 우두머리)가 되어 군무를 훌륭히 수행했다. 하노버군 출신인
아돌프 프리드리히 폰 데어 슐렌부르크 소장(그림 6-16)이 왕태자를
수행하는 가신과 같은 입장에서 대립하기 쉬운 부왕과 왕태자 사이

❖ 그림 6-16: 몰비츠 전투에서 전사한 슐렌
부르크 중장. 젊은 시절의 프리드리히 대왕
을 지지한 가신이었다.

❖ 그림 6-17: 프린츠 오이겐(자크 반 슈펜 작,
1718년)

를 중재했다.

  1733년 2월, 폴란드의 왕이자 작센의 선제후이기도 한 아우구스트
2세가 세상을 떠났다. 프랑스 왕 루이 15세는 즉각 왕비의 부친인 전
폴란드 왕 스타니스와프를 추대해 국왕 선거를 통해 복위시켰다. 아
우구스트 2세의 아들 아우구스트 3세는 당연히 이를 받아들이지 않
았으며 신성 로마 제국의 카를 6세도 아우구스트 3세를 지지하면서
폴란드 왕위 계승 전쟁이 발발했다. 군인왕은 이 전쟁에서 슐렌부르
크를 참모로 삼고 왕태자 프리드리히에게 2만 8,000명의 프로이센
군을 맡겼다.

  이때 라인 방면의 제국군을 지휘한 것이 제국 원수 프린츠 오이센
(그림 6-17)이었다. 오스만 제국과 루이 14세의 군대를 상대로 맹활약

을 펼친 명장이었어도 만년에는 두드러진 군사 행동을 하지 않았던 그였지만 젊은 프로이센 왕태자의 지휘관으로서의 뛰어난 자질을 알아보았다. 그는 10년 전에 자신이 카를 6세에게 했던 진언을 떠올렸다.

'마리아 테레지아의 결혼 상대는 바이에른 공세자나 프로이센의 왕태자가 좋을 듯합니다.'

카를 6세에게는 뒤를 이을 아들이 없었다. 선제후에 의한 회의를 통해 정해지는 신성 로마 제국의 황제위는 남성만 세습할 수 있었다. 황제는 장녀 마리아 테레지아(그림 6-18)에게 합스부르크 왕가의 당주로서 오스트리아 대공위와 헝가리 왕위를 잇게 하고 그 결혼 상대를 다음 황제로 삼아 마리아 테레지아가 '사실상의 여제'가 되는 계책을 떠올렸다. 하지만 이런 무리한 계책을 선제회의가 순순히 지지할 리 없었다.

유력 선제후가 그의 사위가 된다면 카를 6세의 무리한 희망도 실현할 수 있을 듯했다. 하지만 그런 인물을 적으로 돌리면 제국의 존망마저 위태로울 수 있다.

프린츠 오이겐의 천거는 프로이센에도 전해졌다. 의외로 프리드리히 왕태자는 긍정적인 반응을 보였다고 한다. 물론, 마리아 테레지아라는 여성이 아니라 그녀를 통해 얻게 될 황제위에 관심을 보인 것이었다. 하지만 그러려면 프리드리히가 가톨릭으로 개종할 필요가 있었다. 신교를 국시로 내세운 프로이센의 왕위에 오를 입장에서는 쉽지 않은 결정이었다. 무엇보다 마리아 테레지아가 로렌 공작 프란

✤ 그림 6-18: 젊은 시절의 마리아 테레지아 황녀(안드레아스 묄러 작)

✤ 그림 6-19: 마리아 테레지아와 결혼해 황제가 된 프란츠 1세.

츠 슈테판(그림 6-19) 이외의 남성은 결혼 상대로 생각하고 있지 않았다. 프란츠 슈테판은 오스만 제국의 빈 포위 전투에서 활약한 로렌 공작 샤를 5세의 후손으로 잘생기고 멋진 청년이었다. 누가 봐도 흠 잡을 데 없는 신랑감 후보였다. 하지만 프린츠 오이겐의 생각은 달랐다. 난국을 극복하려면 평범한 인재로는 부족하다는 것이었다.

결국 마리아 테레지아의 신랑감 후보는 프란츠 슈테판으로 결정되었다. 10년 전인 1723년의 일이었다.

프린츠 오이겐은 과거 자신이 추천한 프로이센의 왕태자가 상상 이상으로 뛰어난 재능을 보이는 것을 직접 눈으로 확인했다.

얼마 후, 프랑스군이 로렌을 점령해 프린츠 슈테판은 영토를 빼앗겼다. 러시아군이 바르샤바를 공략해 스타니스와프가 퇴위하면서 전쟁은 끝이 났다. 작센의 아우구스트는 그의 바람대로 폴란드 왕 아우구스트 3세로 즉위했다. 퇴위한 스타니스와프는 프랑스령이 된 로렌 공국을 수여받아 다스리게 되었으며 프란츠 슈테판은 루이 15세로부터 굴욕적인 영지 이전을 강요당했다.

1736년 2월 마리아 테레지아는 프란츠 슈테판과 결혼했다. 프린츠 오이겐은 그 결혼식에 참석하지 않고 4월에 조용히 눈을 감았다. 희대의 군신이 마지막 순간에 느낀 것은 망국의 예감이었을까 아니면 새로운 군신의 탄생이었을까.

❧ 젊은 시절의 데뷔전

1740년은 그야말로 운명의 해였다. 5월 31일 프로이센의 왕 프리드리히 빌헬름 1세가 51세를 일기로 세상을 떠났다. 28세의 왕태자 프리드리히는 프리드리히 2세로 즉위했다(그림 6-20). 전설적인 대왕의 등장이다. 그는 먼저 부왕의 유산인 거인병 부대를 해산하고 일반 병사로 구성된 근위 척탄병대로 축소했다. 그리고 자신이 직접 이끄는 친위 근위연대로 제15연대를 지정했다. 1731년부터 대왕이 직접 셰프를 맡아 육성한 연대이다.

젊은 왕은 검열을 중단하고 신문을 발행했으며 고문을 금지하고 문화를 진흥시켰다. 남미에서 전파된 감자의 보급에까지 힘을 쏟았다. 사람들은 군대를 좋아하던 선대와 달리 평화와 문예를 사랑하는 군주가 될 것이라고 여겼다. 실제 대왕은 철학 스승인 볼테르에게

❀ 그림 6-20: 프리드리히 대왕. 즉위한 지 얼마 되지 않은 젊은 시절의 모습으로 1756년 이전 시대의 제15친위 근위연대의 군복을 입고 있다.

보낸 논고 『반(反) 마키아벨리론』에 이렇게 썼다. '군주란 국가 제일의 종이다'

1740년 10월 20일, 신성 로마 제국의 카를 6세 황제가 55세를 일기로 세상을 떠났다. 마리아 테레지아는 23세에 오스트리아 대공, 헝가리의 여왕으로 즉위했지만 남편인 프란츠 슈테판은 아직 어떤 지위도 갖지 못했다. 프린츠 오이겐이 염려한 대로 마리아 테레지아의 사촌을 아내로 맞은 바이에른의 선제후 카를 알브레히트는 전란의 혼란을 틈타 프란츠 슈테판보다 먼저 제위에 올라 카를 7세 황제를 칭했다. 이 카를 7세의 어머니가 폴란드 왕 얀 3세 소비에스키의 딸이다.

12월 16일 젊은 프리드리히 대왕은 혼란을 틈타 먼저 행동에 나섰다. 오스트리아령 슐레지엔에 군대를 보내 한 달 만에 점령했다. 그리고 마리아 테레지아(교섭 상대는 남편인 프란츠 슈테판이었다)에게 사신을 보내 강권한 것이다. 슐레지엔을 넘기면 프로이센의 편에 서서 선제회의에서 바이에른 선제후가 아닌 프란츠 슈테판을 지지하겠다는 것이었다.

교섭은 결렬되었다. 혹한기가 다가오면서 전쟁은 소강상태에 접어들었다. 분노에 차 반격을 결심한 마리아 테레지아와 그녀의 남편을 향한 주변의 시선이 곱지 않았다. 제국 내의 독일 제후는 물론 오스트리아 군 내부의 원수들도 언제 자신들에게 등을 돌릴지 알 수 없는 상황이었다. 그때 그녀는 몇 안 되는 신뢰할 수 있는 장군을 떠올렸다. 56세의 베테랑, 백작 빌헬름 라인하르트 폰 나이페르그 대장(그림 6-21)이었다.

나이페르그는 오랜 전력이 있는 군인이었지만 오스만 제국과의 외교 교섭에 실패해 과거 프린츠 오이겐이 획득한 세르비아의 영토 대부분을 오스만 제국에 돌려주는 실책을 범했다. 격노한 카를 6세가 나이페르그를 군법 회의에 제소해 처형을 목전에 둔 상황이었는데 우연히 황제가 세상을 떠난 덕분에 죽음을 면한 것이다. 마리아 테레지아는 그를 군무에 복귀시켜 슐레지엔을 수복하도록 명했다.

나이페르그로서는 자신의 명예 회복을 건 결코 질 수 없는 일전이었다. 오스트리아군을 이끈 나이페르그는 눈이 채 녹기도 전에 슐레지엔으로 전진했다. 이렇게 1741년 4월 10일 몰비츠

❖ 그림 6-21: 오스트리아군의 나이페르그 대장. 몰비츠 전투에서 프리드리히 대왕과 싸웠다.

근교에서 프리드리히 대왕의 데뷔전이 막을 올렸다(그림 6-22).

오스트리아군의 기습적인 진공은 성공했지만, 몰비츠에서 적군의 존재를 먼저 인식한 것은 대왕 쪽이었다. 거점을 확보한 후 천천히 공세를 펼칠 계획이었던 나이페르그는 이른 아침 코앞까지 진군해 있는 프로이센군을 보고 경악했다. 양군 모두 보병과 기병 중심의 2만 명 남짓한 병력을 보유하고 있어 전력적으로는 우열을 가릴 수 없었다. 다만, 나이베르그의 군대는 오스만 제국과의 전투에서 경험을 쌓은 정예 기병이 많고 그들을 활용한 신속한 기동으로 대왕의 허를 찌를 계획이었기 때문에 충분한 수의 보병을 동원하지 못했다.

대왕의 군대도 경험이 부족하다는 약점이 있었다. 포진에 애를 먹다 모처럼의 기습 기회를 놓치면서 오후 무렵에야 공격을 개시했다. 부대를 대각선으로 배치하고 측면에서 국지적 우세를 노리는, 훗날

❀ 그림 6-22: 몰비츠 전투(1741년)에서 분전하는 프로이센군.

대왕의 '군신'과도 같은 면모를 보여주는 장기 '사행 전술' 등을 펼칠 만한 실력을 갖추지 못한 때였다. 그렇지만 기습적인 공격으로 우위를 점한 것만은 분명했다. 나이페르그 군은 프로이센 포병의 포격으로 수세에 몰리고 있었다.

오스트리아군 좌익의 기병 부대를 이끌던 역전의 맹장 카를 요아힘 폰 뢰머 중장은 프로이센 기병의 수준이 높지 않다는 것을 간파하고 과감히 돌격을 시도했다. 포병 진지를 우회해 프로이센군 우익의 기병대를 향해 돌격했다. 이때 우익의 지휘를 맡은 것은 프리드리히 대왕의 '가신' 슐렌부르크 중장이었다. 군인보다는 외교관 타입에 가까웠던 슐렌부르크는 기병 연대의 셰프도 맡고 있었는데 군사적인 면에서는 종종 대왕의 심기를 거스를 만큼 가엾한 평가를 받기도 했다. 후계자 문제도 있어 54세에 퇴역을 신청했지만 대왕은 그를 만

✤ 그림 6-23: 슈베린 원수

류하며 중장으로 승진시키고 검은 독수리 기사로 임명했다. 그런 그에게도 이 전투는 중요한 일전이었으나 다섯 차례에 걸친 뢰머의 돌격으로 결국 전사하고 말았다. 한편, 뢰머도 난전에 휘말려 총탄을 맞고 목숨을 잃었다.

뢰머 기병대의 용전을 본 나이페르그도 끈질기게 반격을 시도했다. 마침내 오스트리아군의 포탄이 프로이센군의 본진에까지 도달하기에 이르렀다. 지근탄이 떨어진 직후, 부사령관격의 백작 쿠르트 크리스토프 폰 슈베린 원수(그림 6-23)가 '지금은 물러날 때입니다. 승패는 언제든 가릴 수 있지만 왕관은 되찾을 수 없습니다'라고 진언하자 다른 장군들도 입을 모아 젊은 왕에게 피난을 권했다. 당시는 아직 대왕이 군인들의 신임을 얻지 못한 때였다. 55세의 베테랑 원수의 진언을 무겁게 받아들인 대왕은 빠른 말에 올라타고 전장을 떠났다. 대왕이 적에게 사로잡힐 수도 있었을 만큼 위험한 상황이었다. 대왕은 이 전투가 끝난 후 자신을 구해준 애마에게 감사하며 일선의 임무를 면제해주고 자유롭게 여생을 보내게 했다고 한다.

대왕이 전선을 이탈한 후, 냉정을 되찾은 슈베린 원수는 아군의 총병 부대가 부사한 것을 알고 프로이센군의 장기인 일제 사격으로 탄막을 펼쳤다. 당시 프로이센군은 1분간 최대 6~7발을 쏘는 세계 최고의 사격 속도를 가진 보병 부대를 보유하고 있었다. 선왕 프리드리히 빌헬름 1세 때부터 해온 맹훈련의 결과였다. 오스트리아군의 보병도 충분한 훈련을 받았지만 그들이 2발 쏘면 5발이 되돌아올 정도였다고 한다. 프로이센군의 기세에 눌린 오스트리아 보병은 전의를 상실했다.

'어느 방향으로 철수할까요?'라는 아군 장성의 물음에 슈베린 원수는 '적의 시체가 뒹구는 방향이다'라고 대답했다. 전황은 완전히 프로이센군의 우세로 기울고 오스트리아군은 참담한 패배를 맞았다. 나이페르그는 전선을 포기하고 철수했다.

나이페르그는 패배의 책임 소재를 놓고 격렬한 비판을 받았지만 마리아 테레지아는 그를 감싸며 원수로 승진시키고 이후에는 금양모 기사로 임명하는 등 만년까지 후대했다. 나이페르그 백작의 손자는 훗날 나폴레옹의 두 번째 아내 마리 루이즈와 재혼한다.

힘든 승리였다. 사상자 수도 거의 비슷했다. 대왕은 후에 '나이페르그 백작과 짐 중 어느 쪽의 실점이 더 많았는지를 평가하는 것은 어려운 문제이다'라고 썼다. 하지만 슐레지엔에서 오스트리아군을 물리친 전략적 효과는 매우 컸다. 주변 제후들이 앞 다투어 대왕의 야전 사령부에 사신을 보내 전승을 축하하며 프로이센의 아군을 자청했다.

대왕은 슈베린 백작을 엄히 질책했다. 공을 독차지한 것이 달갑지 않았을 것이다. 대왕은 두 번 다시 중간에 전장을 떠나지 않기로 다짐했다고 한다.

❁ 대왕이 유행시킨 '복장'

프로이센군의 프러시안 블루 군복이나 오스트리아군의 흰색 군복 모두 기본적으로는 매우 유사한 이른바 '독일풍' 군복이었다. 접는 칼라가 달려 있으며 앞섶을 여미면 더블 재킷 형태가 된다. 방풍을 고려한 18세기에 유행했던 승마용 상의의 형식이다. 프리드리히 대왕의 군대는 최대 19만 명에 달하는 규모였다. 그리고 7년 전쟁이 끝난 1763년까지 전사자 수는 18만 명이 넘었다. 즉, 육군이 거의 전멸했을 정도의 손실을 입은 것이었다. 이 정도 인적 손실을 국민을 징집하는 것만으로 보충하는 것은 불가능했기 때문에 외국인을 다수 입대시켜 성립한 것이 대왕의 군대의 실정이었다. 그러다보니 다른 어떤 나라의 군대보다 탈주병도 많았는데 1756년 작센군의 10개 보병 연대를 이적 시켰을 때도 1년 후 남은 것은 3개 연대뿐이었다고 한다.

그만큼 많은 사람들이 드나들었기 때문에 군복도 민생 물품을 전용하는 경우가 빈번했으며 형식도 당시 일반적으로 유행했던 신사복 형식을 모방한 것이 많았다. 다시 말해, 일반인이 입는 옷과 디자인적으로 매우 비슷했다.

옷깃이나 소맷단에 연대의 색상을 넣는 것이 기본 방침으로, 대왕이 이끄는 제15친위 근위연대의 경우는 빨간색이었다. 또 상의 안에 입는 베스트와 반바지는 노란색이었다. 예복, 정복, 약복에는 장식을 줄였는데 야전용 약복은 단추 정도만 달려 있을 만큼 눈에 띄는 장식이 없었다. 기마 장교는 부츠를 신고, 보병 장교와 부시간 및 병은 게트르(guêtre, 각반)를 착용했다. 당초에는 흰색이었으나 쉽게 더

러워졌기 때문에 근위연대의 예복 이외에는 모두 검은색으로 변경되었다. 예복과 정복 상의에는 브란덴부르크식이라고 불리는 단춧구멍 장식이 있었다. 이것은 오스만 제국에서 폴란드를 거쳐 들어온 동양풍 장식의 유행이었다. 연대마다 다양한 디자인이 있었으며 술 장식이나 떡갈나무 잎 문양이 일반적이었다. 제15친위 근위연대의 제1대대는 대왕을 직접 경호하는 최정예 부대로, 프로이센군 안에서도 가장 화려한 장식을 한 호화로운 예복을 입었다(그림 6-24). 하지만 그들이 단지 퍼레이드용 부대였던 것은 아니다. 몰비츠의 격전으로 800명 중 600명 이상이 전사했다.

프로이센군의 친위병은 오른쪽 어깨에 은색 견식을 달았다. 다만, 어깨 뒤쪽에 달다보니 앞에서는 견식의 형태가 잘 보이지 않았다.

양군 모두 기본적으로 검은색 삼각모를 착용했는데, 장교는 레이스 장식이 달려 있었으며 여기에 프로이센군 장성은 1742년부터 흰색 깃털 장식을 달았다.

대왕은 장식이 많지 않은 약복의 접는 칼라를 단 상태로 현대의 방한용 코트와 같이 단추를 전부 잠가서 입는 방식이 일반적이었으며 원래는 베스트에 감는 새시(sash)를 상의에 감는 것을 선호했다(그

▲ 그림 6-24: 프로이센군 제15친위 근위연대 제1대대 병사

림 6-25). 당시로서는 세련되지 못한 다소 별난 복장이었지만 대왕과 같은 유명인의 방식은 결국 표준화되어 갔다. 19세기 이후의 군복은 단추를 전부 잠근 더블 프록코트 형식이 되고 새시도 상의 위에 감는 것이 보편화되었다.

❀ 영원히 살기를 바라는가

1757년 10월 16일, 오스트리아군의 기병 지휘관 안드레아스 하디크 중장이 원정에 나선 프로이센군 주력의 빈틈을 노려 5,000명 남짓한 기동 부대를 이끌고 베를린을 급습해 불과 하루 만에 점령해 금전과 헌상품을 약탈한 일이 있었다. 하디크는 베를린 시 당국에, 군주인 마리아 테레지아에게 고급 장갑 12쌍을 바칠 것을 요구하고 베를린 시도 그 외 요구를 따랐다. 그런데 장갑을 가지고 돌아와 보니 모두 왼손용이었던

❀ 그림 6-25: 프리드리히 대왕의 야전복 스타일

✤ 그림 6-26: 슈베린 원수의 전사

✤ 그림 6-27: 콜린 전투(1757년)에서 분전한 프로이센군의 친위 연대. 병사들의 뒷모습에서 오른쪽 어깨에 단 견식의 위치를 확인할 수 있다(리하르트 크노텔 작).

것이다. 베를린 시의 간계가 분명했지만 마리아 테레지아는 하디크의 모험적인 행동을 칭찬하며 베를린 시가 헌상한 장갑도 기쁘게 받았다. 그 이후, 오스트리아군의 장교는 군주 앞에서 왼손에만 장갑을 끼고 오른손 장갑은 왼손에 들게 되었다고 한다. '우리도 오른손 장갑을 끼지 않겠다'는 의미로, 프리드리히 대왕의 허를 찌른 공격을 기념하는 의미이기도 했다.

같은 해인 1757년 5월 6일, 슈베린 원수는 프라하 전투에서 제24연대의 군기를 들고 선봉에 서서 부하들을 고무시키며 돌격을 지시했다. 그러나 정작 본인은 쏟아지는 총탄을 피하지 못하고 그 자리에서 전사했다(그림 6-26). 전투는 승리했지만 대왕은 크게 낙담했다. 몰비츠 전투의 앙금이 남아 있긴 했지만 누구보다 의지했던 가신이었던 것이다.

6월 18일의 콜린 전투(그림 6-27)에서는 대왕이 직접 제3연대의 군기를 들고 두려움에 떠는 병사들을 향해 '네놈들은 영원히 살기를 바라는가?(Hunde, wollt ihr ewig leben?)'라고 질책했다.

1760년 8월의 레그니차 전투에서 대왕은 분전한 제3연대 장병의 모자에 레이스 장식을 부활시킬 것을 허가했다. 수 주 전의 전투에서 꼴사나운 패배를 한 제3연대에 격노한 대왕이 장식을 떼도록 명령했던 것이다. 그리고 대왕은 레그니차에서 '모든 것은 잊었다. 오늘의 승리를 제외하면'이라며 그들을 칭송하고 레이스 장식 대금을 대왕이 직접 부담하기로 약속했다.

1762년 7월 21일, 부르케르스도르프 전투에서는 부상당한 병사에게 상처 부위를 묶으라며 직접 손수건을 건네기도 했다. 당시 대왕과 함께 말에 타고 있던 러시아의 백작은 감격하는 병사의 모습을 보고 그렇게 큰 희생을 치른 후에도 대왕이 왜 절대적인 인기를 누리는지 알 수 있었다고 한다.

대왕은 마리아 테레지아뿐 아니라 프랑스의 루이 15세의 연인 퐁파두르 부인과 러시아의 엘리자베타 여제까지 적으로 돌렸다. 세 명의 강력한 여성에 의한 '페티코트 동맹'으로 패배 직전까지 몰린 대왕은 스스로 목숨을 끊을 생각까지 했다고 한다. 한편, 부하인 안할트 체르프스트 공작의 딸을 러시아로 보내 훗날 그녀의 남편이 된 러시아의 표트르 3세 황제에게 뜻밖의 도움을 받기도 했다. 그 후, 체르프스트 공작의 딸은 남편을 폐위시키고 직접 예카테리나 2세로 즉위한다. '여성을 꺼리는' 성향 때문에 멸망 직전까지 몰린 것은 대왕으로서도 큰 실책이었을 것이다.

전쟁 중에도 대왕은 상수시 궁전에서 음악과 저술에 열중했다. 작곡한 플루트 소나타만 121곡에 달했다고 한다. 대왕의 연주하는 모습

❀ 그림 6-28: 프리드리히 대왕의 궁정 콘서트. 대왕이 군복 차림으로 플롯을 불고 있다(아돌프 멘첼 작).

을 그린 작품이 남아있는데(그림 6-28) 화려한 쥐스토코르형 궁정 의상을 입은 귀족들 사이에서 플롯을 연주하는 대왕은 역시 푸른색 군복에 부츠를 신고 있다. 그는 때와 장소를 불문하고 제15친위 근위연대의 군복을 입었다.

그리고 잊어서는 안 된다. 대왕의 플롯 스승 크반츠는 작센을 떠나 정식으로 프로이센 왕실의 전속 음악가가 되었다. 그 후 일류 음악가들이 대왕의 궁정에 모여들었는데 그중에는 요한 세바스찬 바흐의 차남도 있었다. 후에 거장 바흐도 대왕을 알현했다. 당시 대왕이 플롯으로 연주한 즉흥 주제를 바흐가 마찬가지 즉흥 연주로 화답해 2달 후 악보로 만들어 대왕에게 헌정한 것이 명곡 '음악의 헌정'이다.

참으로 복잡한 인물이었다. 1786년 8월 17일, 프리드리히 대왕이 74세를 일기로 세상을 떠나자 시대는 다음 영웅을 소환했다.

제 **7** 장
나폴레옹 전쟁과
'화려한 군복'의 시대

❦ 전설의 탄생과 시각 전략

이탈리아 북부의 아르콜레 인근 습지에서 프랑스의 혁명군 병사들은 철옹성 같은 오스트리아군의 방어에 애를 먹고 있었다. 1796년 11월 15일, 이 전투의 지휘를 맡은 것은 27세의 젊은 사령관 나폴레옹 보나파르트였다.

툴롱 공방전에서 두각을 나타낸 이후, 일개 포병 대위에서 대령 그리고 장성으로까지 발탁된 것이 불과 3년 전, 24세 때였다. 그 후, 막시밀리앙 로베스피에르의 실각에 연루되었으나 총재 정부의 지도자 폴 바라스의 눈에 들어 기적적으로 부활에 성공함으로써 이제는 이탈리아 전선에서 대장격인 총사령관을 맡은 것이다. 이정도만 해도 보통 사람이라면 평생의 운을 다 써버렸다고 해도 과언이 아닐 텐데 나폴레옹의 진가가 발휘되는 것은 오히려 이때부터였다.

군기를 움켜쥔 그는 프리드리히 대왕 흉내를 낸 것인지 적의 유일한 후방과의 연락로인 다리 근처까지 질주했다. 그의 돌발 행동에 주변에서는 크게 당황했지만 그대로 두면 사령관의 목숨이 위험한 상황이었다. 직속 척탄병이 뒤를 이어 돌진해, 주위를 둘러쌌다. 측면에 배치되어 있던 적군의 총화가 빗발치며 적의 원군까지 도착했다. 나폴레옹의 생애 최대의 위기 상황이었다. 병사들은 후속 부대가 뒤따르지 않자 급하게 나폴레옹을 끌고 후퇴했지만 무모한 청년 사령관은 늪지에 빠져 옴짝달싹도 못하게 되었다. '전진! 장군을 구하라'는 소리와 함께 병사들은 결사의 각오로 적을 향해 돌진해 마침내 적을 물리쳤다.

툴롱 공방전 이래 절친했던 부관 장 밥티스트 뮈롱 대령은 나폴레옹을 비호하다 전사하고 반격을 지휘하던 장 질 안드레 로베르 소장은 중상을 입고 끝내 목숨을 거두었다. 장 조제프 기외 소장의 부대가 후방을 우회해 아르콜레를 점령하자 놀란 오스트리아군이 계속 후퇴하면서 승리는 프랑스의 것이 되었지만 사흘간 프랑스군의 사상자가 3,500명, 포로 1,300명이었던 것에 대해 오스트리아군의 사상자는 약 2,000명으로 결과적으로 상당히 미묘한 전투였다. 하지만 이때 '군기를 움켜쥐고 선봉에 선' 나폴레옹의 모습이 영웅 전설의 기원이 된 것만은 분명하다.

✤ 그림 7-1: 그로 작 '아르콜레 다리 위의 나폴레옹'(1796년) 장성용 군복의 디테일이 잘 드러난다.

　당시 나폴레옹의 모습을 지나치게 미화한 작품이 앙투안 장 그로의 '아르콜레 다리 위의 보나파르트'(그림 7-1)이다. 진창에 빠져 허우적거리던 젊은 장군은 금색 자수가 반짝이는 파란색 장성용 군복에 몸을 감싸고 군기와 검을 손에 든 흡사 그리스 신화의 등장인물처럼 결연한 모습으로 부하를 고무하며 진두에 서 있다. 누구라도 반할 법한 용맹한 자태이다. 나폴레옹은 이 그림을 무척 마음에 들이하며, 그로를 전리 미술품 감정위원으로 임명했다.

❦ 그림 7-2: 다비드 작 '생 베르나르 협곡을 넘는 보나파르트'

 하지만 뛰는 놈 위에 나는 놈이 있는 법이다. 1800년 5월, 이탈리아 전선으로 돌아와 생 베르나르 고개를 통과해 알프스 산맥을 넘은 나폴레옹의 모습을 마치 신처럼 미화한 작품이 바로 그로의 스승이기도 한 자크 루이 다비드의 '생 베르나르 협곡을 넘는 보나파르트'(그림 7-2)이다. 노새를 타고 천신만고 끝에 산을 넘었을 나폴레옹을 백마를 타고 새빨간 망토를 휘날리는 영웅적인 모습으로 묘사했다.

 이 작품에 감명 받은 나폴레옹은 다비드를 수석 화가로 임명했다.

✤ 그림 7-3: 다비드 작 '나폴레옹 1세와 조세핀 황후의 대관식'(1806~1807년)

황제 공인 화가가 된 다비드가 혼신의 힘을 쏟아 완성한 작품이 '나폴레옹 1세와 조세핀 황비의 대관식'(그림 7-3)이다. 나폴레옹이 스스로 월계관을 쓰고 조세핀에게 왕관을 씌워주는 모습을 옆에서 지켜볼 수밖에 없었던 교황 피우스 7세는 오른손을 들어 축복을 내리고 있다. 귀족석 중앙에는 나폴레옹의 어머니 레티치아가 미소 띤 얼굴로 이를 지켜보고 있다. 실제로는 아들이 황제로 즉위하는 것은 물론 며느리 조세핀에게도 감정이 좋지 않았던 그녀는 대관식에 참석조차 하지 않았다.

　다비드와 그로는 나폴레옹이 무엇을 그리면 좋아할지를 잘 알고 있었다. 실제 그 자리에 참석한 사람들을 취재해 복장 등을 면밀히

고증한 후 거짓을 그려 넣었다. 사실적인 그림일수록 그 장면이 실제 사실처럼 인상에 남아 수세기 이후의 후세에까지 각인된다. 나폴레옹의 시각 전략은 굉장히 성공적이었다.

❀ 사람은 그가 입은 제복 그대로의 인간이 된다

흔히, 나폴레옹의 모자라고 불리는 '이각모(Bicorne, 그림 7-4)'는 프랑스 혁명의 대명사라고도 할 수 있는 모자이다. 일찍이 프리드리히 대왕 시대에 삼각모의 형태가 이각모에 가깝게 변형되었으며 1789년 프랑스 혁명이 발발하면서 구체제 프랑스 왕국군이 사용한 삼각모가 완전히 폐지되고 새로운 민병 조직인 국민 위병이 커다란 이각모를 채용해 복장에서부터 새로운 시대의 도래를 보여주었다.

정면에서 보면 오믈렛처럼 가로로 넓은 형태라 승마 등을 하면 바람에 날리기 쉽다. 그런 이유로 19세기가 되면 차츰 모자의 모서리가 얼굴 앞쪽에 오게 세로 방향으로 쓰는 방식으로 바뀌었다. 1802년 영국 육군이 정식으로 이각모를 세로로 쓰도록 규정했다. 그 후, 이 모자는 계관모(Cocked hat)라고 불리었다.

하지만 혁명의 기수 나폴레옹은 남들이 어떻게 쓰든 철 지난 가로쓰기 방식을 고수했다. 비버 가죽으로 만든 나폴레옹의 이각모는 매우 가벼웠지만 정면의 면적이 작은 편이라 의외로 바람에 날리는 일은 없었다고 한다.

그가 모자에 붙인 원형 모장 코케이드(Cocarde)에도 특징이 있었

❖ 그림 7-4: 나폴레옹의 이각모와 원형 견장(코케이드)　❖ 그림 7-5: 나폴레옹군의 원통형
　　　　　　　　　　　　　　　　　　　　　　　　　　　　모자 샤코

다. 이 삼색 모장 역시 1789년의 혁명 때 탄생했는데 당시의 모장은
바깥쪽에서부터 흰색 · 빨간색 · 파란색이었으며 현대의 프랑스 공군
기가 사용하는 국적장은 바깥쪽에서부터 빨간색 · 흰색 · 파란색이
다. 나폴레옹의 원형 모장은 바깥쪽에서부터 빨간색 · 파란색 · 흰색
의 독특한 배색을 사용했는데 이것은 혁명의 극히 초기에만 볼 수 있
는 것이었다. 자신이 혁명의 초기 전사였다는 사실을 끝까지 과시했
던 것이다.

　프랑스군의 또 다른 상징인 원통형 모자 샤코(Shako, 그림 7-5)는
1801년 10월 보병 및 기병과에 채용되어 1807년 이후에는 포병 등의
다른 병과에서도 널리 사용되었다.

　프랑스군에는 전군을 아우르는 기본색이 제정되지 않았는데 장성
이나 막료 등의 고급 간부용 제복은 왕정 시대부터 존재했다. 1759년
육군 대신 벨 아일 공작 샤를 푸케 원수가 복제를 제정할 당시에는 기

❖ 그림 7-6: 프랑스 공화국 제1집정의 빨간색 제복을 입은 나폴레옹 보나파르트 (장 오귀스트 도미니크 앵그르 작)

❖ 그림 7-7: 다비드 작 '튀일리 궁전 집무실의 나폴레옹 황제' 감색, 흰색, 빨간색을 기조로 한 친위 척탄보병연대의 군복을 입고 있다.

본이 완성되어 공화정 시대부터 나폴레옹 시대까지 계승되었다. 나폴레옹이 아르콜레 전투부터 이집트 원정 그리고 알프스를 넘었을 때에도 착용했던 금색 자수가 들어간 파란색 군복이 바로 그것이다.

프랑스 공화국의 제1집정으로 독재를 시작한 1799년 말부터 제위에 오르는 1804년까지는 빨간색 집정관 제복을 착용했다(그림 7-6). 더블 버튼 여밈에 자수가 가득 들어간 호화로운 제복이었다. 당시 나폴레옹은 군인뿐 아니라 모든 직위에 제복을 제정했는데 대신, 지사, 관리, 학생에까지 군복풍의 제복을 도입했다. 복장의 자유가 사라지는 것에 대해 프랑스인들이 분노했는가 하면 전혀 그렇지 않았다. 집정관의 권위에 빌붙을 작정으로 앞 다투어 제복을 도입하고

❦ 그림 7-8-1: 친위 엽기병의 군복을 입은 모습

싶어 했다. 프랑스 학사원 등은 제복이 없어 유감이라며 정부에 제
복 제정을 요구했다.

나폴레옹은 '사람은 그가 입은 제복 그대로의 인간이 된다'는 말을
남겼다.

흥미로운 것은 정작 황제가 된 나폴레옹은 원수나 장성들이 입는
파란색 군복은 물론 화려한 빨간색 집정관 상의도 벗어버리고 자신
이 연대장을 맡은 황제 친위대 척탄 보병연대의 제복(그림 7-7)이나
같은 친위대에 속한 엽기병 연대의 제복(그림 7-8-1, 2)만 입었다. 이는
프리드리히 대왕과 마찬가지로 군주는 친위 연대의 연대장이지만
군인으로서는 원수나 장군이 아니라는 것을 의도적으로 강조한 것

이었다. 아무리 화려한 원수복을 입은 간부라 하더라도 친위 연대장의 수수한 군복을 입은 나폴레옹보다 지위가 낮았다.

척탄병 연대의 군복은 파란색 바탕에 빨간색 커프스가 달려 있고 엽기병 연대의 군복은 짙은 녹색에 빨간색 스탠드칼라와 커프스가 달려 있어 디자인적으로는 매우 비슷했다. 어깨에는 금색 견장 에폴렛(Epaulet)을 달았는데 척탄병과 엽기병은 견장에 수놓아진 자수가 다르다. 척탄병은 적진에 폭탄을 던지는 죽음을 두려워하지 않는 이들이 모인 부대로 그들의 무기인 척탄이 부대장이다. 엽기병이라는 병과는 본래 사격이 특기인 엽사들을 모아 편성한 정예 부대로 1611년 스웨덴군의 구스타브 2세 아돌프가 채용한 것이 시초라고 한다. 엽기병 연대의 상징은 뿔피리 휘장이다.

친위 척탄보병연대는 1799년 말 집정관 친위대가 창설된 이래 나폴레옹 수하의 최정예 부대로 1806년부터는 수염을 기르고 금색 귀걸이를 하는 관습이 정착했다. 당연히 그들에게만 허락된 특이한 관습이었다. 나폴레옹이 퇴위할 때 눈물겨운 이별을 한 것도, 워털루 전투에서 마지막

✤ 그림 7-8-2: 녹색 친위 엽기병 제복을 착용한 나폴레옹

까지 황제의 곁을 지킨 것도 그들이었다.

친위 엽기병 연대는 이집트 원정에서 활약한 보나파르트 사령관의 향도군(嚮導軍)을 주축으로 1800년 1월에 발족한 나폴레옹이 가장 아끼는 부대이다. 야전복은 헝가리 경기병풍의 늑골복이었지만 정복과 예복에는 나폴레옹도 입은 일반 상의를 채용했다.

당시 프랑스군에서 표준화된 견장은 왕정 시대인 1759년 샤를 푸케 원수가 도입한 것으로 계급장으로 사용하는 방법은 새롭게 시도되는 것이었다. 참고로, 푸케 원수는 루이 14세 시대 다르타냥에게 체포되었던 재무경 푸케의 손자이다.

황제 나폴레옹은 아침에 척탄병 혹은 엽기병의 제복 중 하나를 입고 잠들 때까지 옷을 갈아입지 않았다. 굳이 고르자면, 녹색의 엽기병 제복을 좋아했던 듯하다. 집무 중에는 펜을 이리저리 휘두르며 정신없이 서성이고 구술필기를 하느라 목이 쉬었을 정도라고 한다. 식사 속도가 굉장히 빨라서 공식 만찬에서도 전장에 있을 때처럼 10~15분 만에 식사를 끝냈다고 한다. 그런 탓에 그의 군복은 늘 잉크나 스프가 튄 자국으로 더러웠는데 본인은 전혀 개의치 않았다.

그는 장군이나 대신들이 화려한 제복을 입고 호화로운 생활을 하는 것을 장려했는데 이는 국내의 산업 진흥과 제국의 권위를 높이기 위함일 뿐 자신의 옷차림에는 무신경했다.

젊은 시절 처음으로 당시 그의 상관인 바라스의 애인이 하는 살롱을 방문했을 때에도 심하게 닳고 해진 군복 차림으로 여성들을 아연하게 했다고 한다. 바로 직전까지 실업 상태였던 탓에 형편이 좋지

✤ 그림 7-9: 카이로의 나폴레옹 보나파르트 사령관. 장성용 군복을 입고 있다(장 레옹 제롬 작, 1863년).

않았던 것도 무리는 아니다.

이때 나폴레옹을 깔보고 상대도 하지 않았던 것이 바라스의 총애를 받던 테레사 탈리앵으로, 후에 권력을 손에 넣은 나폴레옹은 그녀를 사교계에서 추방했다. 한편, 젊은 나폴레옹의 장래성을 알아보고 흥미를 보인 사람이 조세핀 보아르네였다.

나폴레옹은 1796년 조세핀과 결혼했다. 그가 조세핀을 얼마나 사랑했는지는 유명한 이야기이므로 더 이상 언급하지 않겠지만, 이집트 원정을 떠난 1798년 5월에는 원정군에 참가한 남장미인(장교의 군복을 입고 있었다고 한다) 폴린 푸레와 바람을 피우기 시작했다. 그녀는 장교인 푸레 중위의 아내였는데 보나파르트 사령관(그림 7-9)은 그에게 연락 임무를 맡겨 외지로 보냈다. 그런데 그가 탄 배가 영국 해군에 나포된 것이다. 사정을 파악한 영국 해군은 푸레 중위를 일부러 송환해, 삼각관계의 수라장을 연출했다고 한다. 영국 해군의 호레이쇼 넬슨 제독이 나일 해전에서 프랑스 해군을 격파하자 퇴로가 위태로웠던 나폴레옹은 유명한 로제타스톤을 발굴한 후 정세가 급변하던 파리로 혼자 돌아갔다. 폴린과의 관계는 그것으로 끝이었다. 참고로, 이때 남겨진 원정대 일원 중에 장 랑베르 탈리앵이 있었다. 바라스의 애인 테레사 탈리앵의 명색뿐인 남편이다. 그는 영국군의 포로가 되었다가 1801년 귀국해 아내와 이혼했다.

✤ 폴란드풍 군복

외도에 맛을 들인 나폴레옹은 그 후로도 여러 여성을 만났는데 바르샤바에 입성한 후인 1807년 1월 20세의 유부녀 마리아 발레프스카(그림 7-10)를 만나 첫눈에 반하고 만다. 그녀는 궁핍한 집안 사정 때문에 그녀보다 46세나 많은 백작과 결혼했다. 마리아는 나폴레옹의 열렬한 구애를 거절했지만 폴란드의 마지막 왕 스타니스와프 2세의 친족인 유제프 안토니 포니아토프스키 공작(그림 7-11)을 비롯한 폴란드 귀족들이 앞 다투어 그녀를 찾아와 프랑스 황제의 애인이 되어

✤ 그림 7-10: 마리아 발레프스카
(프랑수아 제라르 작)

✤ 그림 7-11: 폴란드 창기병(울란)을 이끌고 돌격하는 포니
아토프스키 상급 대장. 독특한 차프카 모자에 주목(리처드
케이튼 우드빌 작, 1912년).

주기를 간청했다. 남편인 발레프스카 백작까지 그녀를 설득했다고
한다.

  폴란드 왕국은 프로이센과 오스트리아 그리고 러시아에 의한 분
할을 거쳐 1795년 소멸했다. 마지막 국왕 스타니스와프 2세는 러시
아의 예카테리나 황제의 애인으로, 처음에는 그녀의 꼭두각시처럼
움직였으나 애국심에 눈을 뜨면서 격렬히 저항하게 되었다. 입헌 군
주제를 선언하고 이미 유명무실해진 유익 기병 대신 새로운 기병 부
대 울란을 창설했다. 이 부대가 1785년 채용한 제복이 크게 호평을

✤ 그림 7-12: 폴란드 군단을 이끌고 프랑스군에 협력한 얀 헨리크 돔브로프스키 대장. 폴란드 창기병의 독특한 차프카와 커다란 단추가 달린 칼라에 주목.

받았다(그림 7-12). 칼라가 작은 독일풍 군복을 개량해 가슴 전체를 덮는 커다란 턴 오버 칼라를 달았다. 머리에는 차프카(Czapka)라고 불리는 윗부분이 사각형으로 된 모자를 썼다. 칼라나 소매에는 물결 문양을 넣었다. 이 제복의 커다란 칼라가 프랑스 육군에 영향을 미쳤다. 왕정 말기인 1786년에 프랑스군은 울란 스타일의 신형 군복을 채용했다. 즉, 폴란드식 커다란 칼라가 나폴레옹이 애용한 군복 이른바, 나폴레옹 재킷의 형식인 것이다. 이후 이 폴란드풍 제복은 창기병 제복의 대명사가 되어 널리 보급되었다. 헝가리풍 늑골복이 경

기병의 대명사가 되었던 것처럼 말이다.

폴란드가 소멸하자 울란 부대를 탄생시킨 스타니스와프 왕은 러시아군에 체포되어 감금당했다. 부대는 대부분 폴란드 기병으로 프랑스군에 이적했다. 나폴레옹의 황제 친위대에도 1807년 3월 폴란드 창기병 부대(그림 7-13)가 창설되면서 각지에서 활약했다. 나폴레옹은 프로이센으로부터 거둔 구 폴란드령을 바르샤바 대공국으로 독립시켰다. 하지만 이 일은 러시아와 프로이센의 원한을 사 나폴레옹의 몰락을 초래하는 원인 중 하나가 된다. 프랑스군에서 폴란드 기병을 이끌고 분전한 유제프 안토니 포니아토프스키는 제국 원수로까지 승진했지만 1813년 10월 작전에서 부상을 입고 강을 건너던 중 익사하고 말았다. 나폴레옹의 아들을 낳은 마리아 발레프스카는 나폴레옹이 엘바 섬에 유배되었을 때 아내와 애인들 중에서 유일하게 그를 만나러 갔다. 세인트헬레나 섬에도

⚜ 그림 7-13: 나폴레옹 황제 친위대의 울란 부대 장교

따라가겠다고 청했지만 이루어지지 못했다. 그녀는 진심으로 황제를 사랑했던 것이다.

1805년 12월 2일. 대관식으로부터 1년이 지난 이날, 나폴레옹은 아우스터리츠에서 오스트리아, 러시아 연합군을 물리치고 이듬해 7월 독일 제방을 모아 라인 동맹을 결성했다. 마리아 테레지아의 손자 프란츠 2세는 신성 로마 제국을 해산하고 오스트리아의 프란츠 1세 황제로 즉위했다. 이에 격노한 것이 프로이센 왕국이다. 하지만 프리드리히 대왕 시대에 세계를 떨게 한 프로이센의 무적 군대도 이 시기에는 완전히 유명무실해졌다.

⚜ 스펜서와 턱시도

이 당시, 스펜서재킷 또는 간단히 스펜서라고 불린 상의가 유행하기 시작했다. 옷단을 짧게 자른 연미복 스타일의 상의이다. 나폴레옹풍의 연미복 재킷이 주류였던 시대에 이 스펜서재킷은 매우 참신한 스타일이었다. 이름의 유래가 된 영국의 제2대 스펜서 백작 조지 스펜서(그림 7-14)는 각료를 역임한 거물급 귀족이었다. 참고로, 제8대 스펜서 백작은 다이애나 왕비의 부친이나. 제2차 세계대진 딩시의 영국 수상 윈스턴 스펜서 처칠도 스펜서 가문의 후손

⚜ 그림 7-14: 제2대 스펜서 백작

중 한 명이다. 2대 스펜서 백작은 1794년부터 1801년까지 제1해군경(해군 대신)을 지냈다. 프랑스 혁명 전쟁으로 나폴레옹이 대두한 시기와 같은 시대의 인물이다. 어느 날, 스펜서 백작은 승마용 연미복을 입고 사냥에 나섰다. 영국에서는 18세기 말부터 빨간색 연미복 상의에 흰색 바지가 사냥용 복장으로 유행했다. 미국 독립 전쟁이 종결된 후, 영국군의 군복으로 준비했던 빨간색 상의와 흰색 반바지용 옷감이 대량 재고로 남았던 것이다. 이런 종류의 상의는 햇빛을 받으면 색이 바랬기 때문에 '핑크 재킷'(그림 7-15)이라고도 불리었다.

❋ 그림 7-15: 사냥용 핑크 재킷

그날 스펜서 백작의 연미복 상의가 가시덤불에 걸려 찢어졌는데 찢어진 옷단을 잘라낸 스타일이 꽤 멋지게 보였다는 것이다. 또 다른 설로는, 야영 중 모닥불의 불똥이 튀어 옷단이 타버린 일이 발단이라는 이야기도 있다. 어떤 것이든 이

❋ 그림 7-16: 영국 해군의 메스 재킷

런 일화에서 탄생한 재킷이 스펜서 혹은 스펜서재킷이라고 불리며 인기를 끌었다. 이 길이가 짧은 재킷은 해군 대신인 스펜서 백작의 부하, 영국 해군의 사관들이 도입해 식사 때 입는 예복 메스 재킷(Mess jacket, 그림 7-16)으로 유행했다. 좁은 군함 내에 있는 식당에서는 연미복보다 길이가 짧은 상의가 더 간편했기 때문이다. 1820년대에는 영국 해군의 정식 제복으로 채용되었다. 메스 재킷은 지금도 세계 각국의 군대에서 야회복으로 사용되고 있다.

영국 육군에도 주로 젊은 장교용으로 옷단이 없는 군복이 코티(Coartee)라는 이름으로 보급되었다. 영국뿐 아니라 프랑스, 프로이센, 러시아 등 외국에서도 모방했다. 나폴레옹군에서도 젊은 장교들은 종종 옷단이 짧은 코티를 입었는데 이것 역시 스펜서재킷이 변형된

❋ 그림 7-17: 연미복 위에 비버 가죽 소재의 스펜서를 입은 신사

형태였다. 군복뿐 아니라 일반 신사복에도 스펜서재킷이 도입되었다. 당시의 기록화를 보면, 비버 가죽으로 만든 스펜서를 연미복 위에 겹쳐 입은 신사(그림 7-17)의 모습 등을 확인할 수 있다. 현대이 방한 블루종처럼 착용했던 듯하다.

동시대 여성용 의복에 미친 영향도 컸다. 영국 여성들이 말을 탈 때 드레스 위에 걸치는 재킷으로 이 스펜서재킷을 입기 시작했다(그림 7-18). 당시 영국에서는 전원생활이 동경의 대상이었다. 옷단이 없는 상의는 여성의 스커트와도 잘 어울렸다. 마침 프랑스에서는 고대 로마풍의 얇은 모슬린 드레스가 유행하기 시작했다. 세미 누드에 가까운 이런 도발적인 스타일을 유행시킨 것은 바라스의 애인 탈리앙 부인이었다고 한다. 나폴레옹 제정 시대에 엠파이어 스타일로 정착한 복장이다. 하지만 당시는 세계적으로 한랭한 시대였기 때문에 지중해풍 패션만으로는 무리가 있었다. 프랑스를 비롯한 유럽 대륙에서는 말을 탈 때 말고도 일상적으로 방한용 스펜서재킷을 착용하는 것이 꽤 오랫동안 유행했다. 지금도 여성용 짧은 재킷을 스펜서라고 부른다.

훗날 이 유행을 계승한 신사복이 빅토리아 시대의 영국에서 실내용 스모킹 재킷(그림 7-19)으로 유행했으며 1876년에는 에드워드 왕태자(후의 에드워드 7세)가 디너 재킷이라는 이름의 약식 예복으로 유행시켰다. 1886년 미국 뉴욕 주의 턱시도 파크에서 열린 파티에서 그리스월드 로릴라드(담배왕 로릴라드의 아들)가 영국에서 만든 이 재킷을 착용해 호평을 받은 이후 미국에서 '턱시도'(그림 7-20)라는 이름으로 크게 유행했다.

✤ 그림 7-20: 턱시도

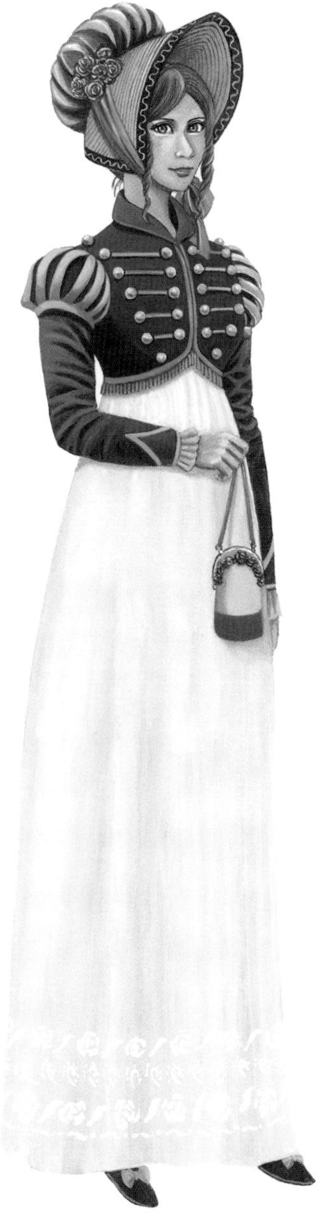

⚜ 그림 7-18: 스펜서재킷을 입은 19세기의 여성

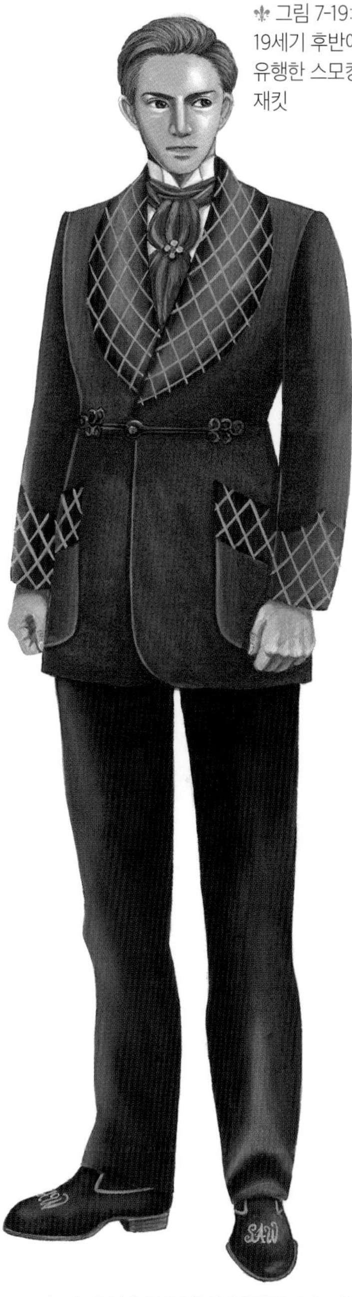

⚜ 그림 7-19: 19세기 후반에 유행한 스모킹 재킷

❧ 여성용 군복과 프록코트의 등장

스펜서재킷은 세계 최초의 여성용 군복을 탄생시켰다. 프로이센 왕 프리드리히 빌헬름 3세의 루이제 왕비(그림 7-21)가 입은 스펜서재킷이다. 실제 그 재킷이 지금도 독일에 보존되어 있다. 기록에 따르면, 같은 소재로 만든 스커트도 있었다고 하는데 현재는 남아 있지 않다. 왕은 아름답고 총명한 루이제 왕비를 무척 사랑해서 애인도 두지 않고 실제 잉꼬부부로 유명했다고 한다.

나폴레옹과의 개전 위기가 높아진 1806년 초 프리드리히 빌헬름 3세(그림 7-22)는 당시로서는 이례적으로 루이제 왕비를 육군의 정예부대 제5용기병 연대의 명예 연대장에 임명했다. 인기가 많은 왕비를 내세워 부대와 국민의 사기를 고양시키고자 한 것이다. 왕은 총명했지만 무던한 성격에 눈에 띄는 것을 좋아하지 않고 사교성이 떨어지는 데다 과묵하기까지 해 국민들에게 인기가 많지 않았던 것이다. 이후 프로이센 제5용기병 연대는 '왕비 용기병 연대(Regiment Königin Dragoner)'라고 불리게 되었다.

나폴레옹군과 전쟁이 시작되자 왕비는 자신의 연대를 열병했다. 국왕은 그녀를 위한 전용 군복을 주문했다. 당시 왕후 용기병 연대의 제복은 밝은 파란색으로 칼라는 양홍색, 단춧구멍에 있는 리첸(litzen)이라고 하는 프로이센군의 전통적인 장식이 특징이었다. 장교는 당시의 표준적인 스타일이었던 뒷자락이 긴 연미복 상의를 입었다. 당시 왕비의 의상 디자인과 제작을 담당한 재단사 프랑수아 보겔(François Vogel)은 왕비에게 남성의 복장을 입히는 것이 아니라 여성용 스펜서재킷과 롱스커트 조합을 채용했다. 아마도 이것이 세계 최

✤ 그림 7-22: 프로이센 왕
프리드리히 빌헬름 3세

✤ 그림 7-21: 프로이센의 루이제 왕비

초의 여성용 군복이었을 것이다. 물론 그전에도 잔 다르크나 엘리자베스 1세 등과 같이 군의 선두에 선 여성은 많았다. 러시아의 예카테리나 여제도 남성용 군복을 입고 부대를 진두지휘하며 쿠데타를 일으킨 바 있다. 그녀는 군주로서 자신이 이끄는 연대 군복에 장식을 도입한 열병용 '제복 드레스'를 만드는 등 여성 군복의 선구적인 사례를 실천했다. 하지만 여성을 위한 공식적인 군복은 존재하지 않았다.

왕비는 이 열병식과 그로부터 한 달 후 제5용기병 연대가 예나 아우어슈테트 전투(1806년 10월 14일)에 출정할 때 이 재킷을 실제 착용했다고 기록되어 있다. 즉, 최소 두 번은 공식적인 자리에서 이 옷을 입어 큰 반향을 일으켰다. 프로이센 국민들은 구국의 여걸, 잔 다르크의 부활이라며 입을 모아 칭송했다. 한편, 프랑스 측에서는 '아마조네스의 여왕'이라거나 '여자에게 기대지 않으면 전쟁도 못 한다'며 조소의 대상이 되었다. 예나 아우어슈테트 전투에서 프로이센군이 완패하자 더욱 위신을 잃은 왕을 대신해 루이제 왕비는 나폴레옹에게 강화를 요구하고 황후 조세핀에게도 교섭을 제안했다. 그 후의 교섭에서도 단호한 태도를 보이던 나폴레옹을 상대로 간청과 설득 그 외의 모든 노력을 다해 결국 프로이센의 영토는 반으로 줄어들고 병력을 줄이는 한편 막대한 배상금까지 치러야 했지만 가장 최악의 상황인 왕국의 멸망만은 면할 수 있었다. 나폴레옹은 루이제의 노력과 애국심에 감동해 경계하는 한편 감탄했다(그림 7-23). 그는 '그녀야말로 프로이센의 유일한 진짜 남자다(le seul vrai homme en Prusse.)'라고 말했다. 즉, 어떤 남자들보다 훨씬 대담하고 걸출한 인물이라고 평한 것이다.

✤ 그림 7-23: 틸지트 조약 조인식(1807년)에서 프로이센의 루이
제 왕비의 손을 잡은 나폴레옹. 뒤쪽은 러시아의 알렉상드르 1세 황
제, 오른쪽은 프로이센의 프리드리히 빌헬름 3세(니콜라 고스 작).

　당시의 외교 교섭에서 무리한 탓인지 왕비는 4년 후 34세의 나이
로 병사했다. 왕과 국민 모두 반 프랑스 저항운동과 애국심의 상징
이었던 루이제 왕비의 요절을 한탄했다. 프로이센 제5용기병 연대
는 1819년 제2흉갑기병 '왕비' 연대로 바뀌어 독일 제국이 패배하는
1918년까지 1세기에 걸쳐 존속했다.

　굴욕적인 패배 이후, 프로이센에서는 참모 총장 게르하르트 폰 샤

❖ 그림 7-24: 프로이센의
국민군(란트베어) 병사

른호르스트 장군과 아우구스트 폰 그나이제나우 원수의 노력으로 국민군 란트베어(그림 7-24)가 편성되어 군의 근대화가 급속히 진행되었다. 맹장 게프하르트 폰 블뤼허 원수가 총사령관을 맡아 호시탐탐 재기를 노리던 프로이센은 나폴레옹이 러시아 원정에 실패하자 1813년 3월 프랑스에 선전포고를 했다. 제1장에서도 다루었듯이 이때는 프랑스식 이각모나 샤코(원통형 모자)보다 학모 형태의 쉬르뮤츠(차양이 달린 모자)가 인기가 있었으며 장성들은 견장보다 견식을 달았다.

또한 새로운 프로이센군에서는 독일어로 유버로크(Überrock)라고 불리는 길이가 긴 상의를 입었다. 영어로는 프록코트라고 한다. 1807년 프리드리히 아우구스트 폰 데르 마비츠 소령이 조직한 반 프랑스 의용군의 제복으로 처음 등장한 이 옷이 프로이센을 대표하는 군복이 된 것이다. 이 옷은 리테브카(Litewka)라고도 불리는데 이는 '리투아니아풍'이라는 의미로 동유럽풍 상의를 말한다. 즉, 구스타브 2세 아돌프 시대에 촌스럽다고 멸시하던 동유럽풍 군복이 부활한 것이다.

프록코트는 나폴레옹 전쟁 중 러시아는 물론 영국, 프랑스에서도 유행했으며 전쟁이 끝난 후에는 연미복 스타일의 나폴레옹 재킷을 몰아내고 전 세계 군복의 주류가 되었다.

❀ 뒤집어 입은 군복

프리드리히 빌헬름 3세가 미모의 왕비에게 교섭을 맡긴 것은 일찍이 여러 명의 애인들과 바람을 피운 나폴레옹의 환심을 사려는 목적도 있었을 것으로 여겨지지만 정작 나폴레옹은 루이제 왕비와 거리를 두었다. 나폴레옹은 고귀한 신분의 여성이나 재능이 출중한 여성을 멀리했다고 한다. 루이 16세의 재무 총감으로 유명한 네케르의 딸 스탈 부인의 애정 공세에도 나폴레옹은 지나치게 똑똑한 그녀를 멀리했다. 훗날 스탈 부인은 반 나폴레옹 운동을 전개하게 되는데 그때 그는 '탁월하고 재기 넘치는 여성이었다. 그녀가 내 편이었다면 나는 많은 것을 얻을 수 있었을 것이다'라며 후회했다고 한다.

실제 나폴레옹은 사람을 보는 눈이 날카로웠지만 사람을 다루는 능력이 뛰어나다고 볼 수는 없었다. 녹색 군복을 입은 러시아 대군과의 결전을 앞둔 1812년 9월 6일의 보로디노 근교에서 루이 니콜라 다부 원수(그림 7-25)는 나폴레옹의 진략이 안일하다고 직언했다. 다음 날, 다부 원수의 제1군단과 그의 동료 미셸 네 원수(그림 7-26)의 제

✤ 그림 7-25: 다부 원수. 황제 친위대의 척탄병 상급 대장 (최선임 장군)으로 오른쪽 어깨에 식견을 달고 있다(1852 년의 초상화).

3군단은 러시아군의 미하일 쿠투조프 원수가 구축한 세묘노프스카 야 보루를 공략하고, 황제는 정면에서 보로디노를 향해 돌격하기로 되어 있었는데 다부는 그것이 목숨을 건 결전이 될 것을 직감했다. 다음 날 전투에서 양군 모두 엄청난 희생자가 속출했으며 쿠투조프 의 유인 전술에 넘어가 모스크바에 입성한 나폴레옹은 결국 모든 것 을 잃게 된다.

❧ 그림 7-26: 미셸 네 원수(1805년경의 초상화)

1815년 6월 18일, 워털루에서 최후의 결전을 앞둔 나폴레옹 곁에 다부의 모습은 없었다. 가장 뛰어난 측근을 참모로 삼지 않고 군부 대신으로 임명해 파리에 두고 온 것이다. 순종적인 여성과 순종적인 부하를 좋아한 나폴레옹은 마지막까지 지나치게 뛰어난 부하가 못 마땅했는지 모른다. 엘바 섬에서 프랑스로 돌아온 나폴레옹을 체포하기 위해 루이 18세가 파견한 미셸 네는 나폴레옹을 재회하자마자 다시금 충성을 맹세했다. 야전 지휘관으로서는 유능했지만 참모로서의 재능은 없었다. 그는 마지막까지 분전했지만 결국 붙잡혀 12월 7일 루이 18세의 명으로 총살당했다. 나폴레옹이 스웨덴 국왕으로

❖ 그림 7-27: 페르나르크 백작. 몰비츠에서 프리드리히 대왕과 싸운 나이페르크 장군의 손자로 나폴레옹의 황후 마리 루이즈와 재혼했다.

임명한 장 바티스트 베르나도트 원수 즉, 카를 14세는 일찌감치 반 나폴레옹 동맹에 가담했으며 나폴리 왕까지 만들어준 누이의 남편 조아생 뮈라 원수도 보신을 위해 그를 배신했다. 오랫동안 나폴레옹의 참모장을 맡았던 루이 알렉상드르 베르티에 원수는 나폴레옹의 복귀로 고심하던 중 워털루 전투 직전인 6월 1일 의문의 죽음을 맞는다.

세인트헬레나 섬에 유배된 나폴레옹의 오래된 녹색 엽기병 군복이 낡아서 해지고 말았다. 새 군복을 만들려고 했지만 세인트헬레나 섬에는 녹색 옷감이 없었다. 황녹색 옷감은 있었지만 나폴레옹이 입기에는 다소 경박한 색이었기 때문에 하는 수 없이 낡은 군복을 뒤집어 입었다고 한다.

1821년 5월 5일, 나폴레옹은 51세의 나이로 세상을 떠났다. 그가 남긴 마지막 말은 '프랑스, 선두, 군대(france, tête, armée)'였다고 전해지는데 또 한 마디 '조세핀'이라고 중얼거렸다고도 한다. 조세핀은 나폴레옹이 엘바 섬에 유배된 직후인 1814년 5월 세상을 떠났다. 조세핀과 이혼 후 재혼한 오스트리아 황제의 딸 마리 루이즈 황후는 이미 나이페르크 백작(그림 7-27)과 사이에 자녀까지 있었다. 나이페르크 백작은 프리드리히 대왕과의 첫 전투에 참전한 나이페르크 장군의 손자이다.

나폴레옹의 애인 마리아 발레프스카는 상심한 나머지 1817년 31세에 세상을 떠났다. 그녀와 나폴레옹의 아들 알렉상드르 콜론나 발레프스키는 나폴레옹의 조카인 나폴레옹 3세 정부에서 각료를 지냈다.

제8장
트라팔가르 해전과
해군의 군복
─마린룩의 원점

❧ 네이비블루의 등장

지금까지는 주로 육군의 제복을 중심으로 살펴보았는데 해군의 제복은 어땠을까.

세계 최초로 도입된 해군의 군복은 1669년 루이 14세 시대 프랑스 해군의 사관용 제복으로 파란색 바탕에 금색 장식이 들어간 상의와 빨간색 베스트 그리고 빨간색 호즈(Hoses, 양말)를 착용하는 식이었다. 육군이 페르시아풍 군복을 도입한 것과 거의 같은 시기로, 형식도 비슷했다. 당시는 '모든 솔기에 금색 자수를 넣는' 식의 대강의 규정만 있었을 뿐 상당 부분 개인의 자유가 허용되던 시기였다. 프랑스 해군이 가장 활약한 시대로 사략선(국가 공인 해적) 선장 르

❧ 그림 8-1: 장 바르 소장(전대 사령관)

162

✤ 그림 8-2: 영국 해군의 사관용 제복을 도입한 앤슨 제독
(1748년경의 초상화)

네 뒤게 트루앵이나 장 바르(그림 8-1)가 명성을 떨쳤다. 르네 뒤게 트루앵은 해군 중장, 장 바르는 전대 사령관(소장)이었는데 그들도 이런 파란색 초기 군복을 입었을 것이다.

1748년 영국 해군에서 감색의 사관용 제복 '블루 코트'를 채용했다. 해군경 조지 앤슨 제독(그림 8-2)이 제정한 것이다. 이 시기, 영국 육군과 해군에서 군인의 계급 제도를 정비해 통일적 군제를 마련한 것이 계기가 되었다. 또 영국이 진출한 인도에서 인디고 염료를 들여와 파란색 옷감을 양산할 수 있게 된 배경도 있었다. 당시 군복의 표준형이었던 쥐스토코르 스타일에 금색 자수를 넣고 검은색 삼긱모를 착용했다. 이 파란색 군복이 '네이비블루'라는 이름을 세상에 널리 알렸다. 패션계에서 감색을 '네이비(해군)'라고 부르는 이유이다. 18세기 이후, 세계 최강의 해군국으로 군림한 영국이 20세기 초까지 그 자리를 고수하면서 영국식은 세계 해군 제복의 국제 표준이 되었다.

영국 해군 사관의 제복은 동시대 유럽 육군 군복의 유행을 따라 쥐스토코르 형태에서 1787년 독일풍의 턴 오버 칼라가 양쪽으로 젖혀지는 형태로 바뀌고 1795년에는 견장이 달린 나폴레옹 재킷 형태로 진화했다. 같은 해 모자도 이각모로 개정되었다. 흰색 웨스트 코트(베스트)에 흰색 반바지와 검은색 스트랩 슈즈를 조합했다.

프랑스 해군도 빨간색 칼라와 소매 그리고 금색 자수 장식 등의 전통적인 양식을 계승한 군복을 유지했다. 상의 앞자락은 쥐스토코르식 싱글 형태였다가 프랑스 혁명기인 1790년대에는 육군과 비슷한 더블 형태로 바뀌고 베스트와 바지도 흰색으로 변경되었다.

이처럼 네이비블루에 금색 장식과 같은 상당히 비슷한 군복을 입은 영국과 프랑스 해군은 나폴레옹 전쟁에서 격돌하게 된다.

✿ 외눈, 외팔의 제독

역사적으로, 유사시가 아니었으면 결코 출세하지 못했을 인물이 있다. 도요토미 히데요시나 나폴레옹이 그 전형적인 인물일 것이다. 제2차 세계대전의 경우, 미국의 조지 패튼 장군이나 독일의 롬멜 원수 등도 그런 인물일 것이다. 유능하고 개성적이며 틀에 박히지 않은 사고로 부하들의 신망도 두텁다. 무사주의 시대에는 '모난 돌로'

치부되어 배척될 확률이 높다.

영국 해군이 배출한 호레이쇼 넬슨 제독(그림 1-21)도 그런 인물 중 한 사람이다.

1758년 출생한 넬슨은 나폴레옹보다 11세 연상이다. 목사의 아들이었지만 숙부가 해군에서 출세하자 사관후보생으로 해군에 입대했다. 그 후, 카리브 해의 서인도 제도에서 함대 근무를 하고, 미국 독립 전쟁에서는 영국 측 해상 작전에 참가했다. 1779년 대령으로 진급해 1793년 전열함의 함장으로 승격되었다. 그 해 8월 새뮤얼 후드 제독이 이끄는 영국 함대가 프랑스의 툴롱 군항을 점거하고 프랑스 왕당파를 지원했다. 젊은 포병 지휘관 나폴레옹 보나파르트 대위가 단숨에 대령으로 승진해 툴롱의 전투를 제압하고 역사에 최초로 이름을 남긴 것은 그 해 말이었다. 이때 넬슨 대령은 툴롱 공방전 지원을 요청하기 위해 영국 해군을 대표해 나폴리 왕국을 방문했다. 그곳에서 주 나폴리 영국 공사의 부인 엠마 해밀턴(그림 8-3)을 만나게 된다. 후에 그녀는 넬슨의 평생의 연인이 된다. 그녀는 미모의 인기 모델로, 프랑스에서 바라스의 애인들이 유행시킨 그리스·로마풍의 모슬린 드레스를 영국에서 유행시킨 장본인이었다고 한다.

이듬해인 1794년 넬슨 대령의 분함대는 나폴레옹의 고향 코르시카 연안에서 펼쳐진 작전에 참가했는데 육군을 지휘하다 그만 오른쪽 눈을 잃는 부상을 당했다.

1796년 8월 나폴레옹이 이탈리아 전선에서 활약하기 시작하자 영국의 아군이었던 스페인이 프랑스 측으로 돌아서 선전포고를 했다. 영국 해군은 지중해에서 후퇴하고 넬슨의 전대는 엘바 섬(후에 나폴레

✤ 그림 8-3: 밀짚모자를 쓴 엠마 하트. 후에 넬슨 제독의 애
인이 된 엠마 해밀턴이다(조지 롬니 작, 1782년~1794년경).

옹이 유배된 섬)의 영국 육군 수비대의 철수를 지원하게 된다. 이듬해
인 1797년 2월 14일, 존 저비스 제독의 영국 함대는 상 비센테 곶 연
안에서 스페인 함대를 포착했다. 이때 넬슨 준장은 상사에게 보고도
없이 무단으로 적의 진형을 어지럽혀 전투를 승리로 이끌면서 해군
소장으로 승진, 배스 훈장을 받아 기사 칭호를 얻었다. 7월에는 테네
리페 섬의 스페인 해군 기지에 상륙하는 작전을 펼치다 총상을 입어
오른팔을 잃었다(그림 8-4). 고급 사관이었음에도 최전선에 서고 싶어
하는 남자였다.

　1798년 5월 나폴레옹은 영국과 인도를 차단하기 위해 툴롱을 출
항해 이집트 원정에 나섰다. 넬슨 함대는 폭풍우로 함선이 손상되어

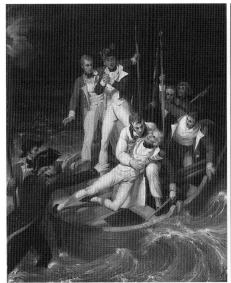

✤ 그림 8-4: 테네리페 섬의 스페인 해군 근 ✤ 그림 8-5: 프랑스 해군의 브뤼에 중장. 나일
거지로 돌격하다 오른팔을 잃은 넬슨 제독. 해전에서 함대와 운명을 함께했다(1895년 이
전의 초상화).

나폴레옹의 함대를 포착하지 못했다. 나폴레옹은 카이로를 점령한
후 계속해서 진격했으나 8월 1일 아부키르 연안에서 넬슨 함대의 기
습 공격을 받는다. 이 나일 해전에서 프랑스 측은 함대 17척 중 13척
을 잃고 지휘관 프랑수아 폴 브뤼에 중장(그림 8-5)이 전사했다. 영국
측은 함대를 한 척도 잃지 않았으며 넬슨은 남작 작위를 받아 귀족의
반열에 올랐다. 영국 해군에 의해 퇴로를 차단당한 나폴레옹은 이집
트를 떠나 1799년 11월 프랑스 공화국의 제1집정관으로 취임했다.

　1800년 넬슨은 무단으로 함대를 움직인 책임을 물어 키스 제독으
로부터 근신 처분을 받았다. 이듬해 복귀한 넬슨은 중장으로 하이드
파커 대장의 발트 해 함대에 편입되었다. 1801년 4월 2일 덴마크 코

✤ 그림 8-6: 프랑스 해군의 빌뇌브 중장

펜하겐에서 항구로 돌격한 넬슨은 '파커 경의 기함에서 전투 중지를 명하는 깃발을 내걸었다'는 통신 사관의 보고에 실명한 오른쪽 눈에 망원경을 갖다 대고 '깃발이 보이지 않는군'이라고 말하며 또 다시 상관의 명령을 무시한 결과 크게 승리해 자작으로 승격되었다. 여하간 명령 위반이 많은 남자였다.

1803년 넬슨은 지중해 함대 사령장관에 임명되었다. 1804년 12월 황제로 즉위한 나폴레옹은 영국 진공을 목표로 프랑스 북부의 항구 도시 불로뉴에 대군을 집결시켰다. 1805년 3월 넬슨은 툴롱 군항을 봉쇄했지만 프랑스 함대는 경계를 따돌리고 탈출해 스페인 함대와 합류했다. 보란 듯이 넬슨의 뒤통수를 치는 데 성공한 것은 프랑스 해군의 지휘관 피에르 빌뇌브 해군 중장(그림 8-6)이었다.

1763년 출생한 빌뇌브는 넬슨보다 다섯 살 아래로 나폴레옹 황제보다는 여섯 살가량 많았다. 왕정 시대에 프랑수아 드 그라스 제독이 이끄는 함대 소속으로 미국 독립 전쟁에 참가했기 때문에 넬슨과는 같은 시기에 미국에서 대적한 셈이다. 프랑스 혁명기에는 귀족 출신임에도 올곧은 성품과 혁명을 지지하는 태도로 해군에서의 경력을 유지할 수 있었다. 1793년에 대령, 1796년에는 해군 소장으로 진급해 1798년 나폴레옹의 이집트 원정 함대에 참가했다. 그리고 나일 해전에서는 넬슨에게 괴멸당한 프랑스 함대 중 간신히 퇴각에 성공한 네 척 중 한 척을 이끌었다. 그런 그를 운 좋은 남자 혹은 지나치게 신중하고 전의가 부족한 지휘관이라고 평하기도 했다.

1802년까지 서인도 제도에 있던 그가, 툴롱 함대의 지휘관 드 라투쉬 트레빌 중장이 1804년 8월 병으로 세상을 떠나면서 그의 후임으로 보직된 것이다.

✽ '영국은 기대한다'

툴롱을 출항한 빌뇌브는 프랑스·스페인 연합 함대를 이끌고 서인도 제도로 가기 위해 또 다시 대서양을 횡단해 스페인의 카디스 항으로 갔다. 넬슨은 7월까지 빌뇌브 함대를 추적했지만 이렇다 할 성과를 얻지 못했다. 로버트 칼더 제독의 부대와 피니스테레 곶 앞바다에서 조우전을 벌였지만 주력에 영향을 끼치지는 못했다.

나폴레옹 황제는 빌뇌브 함대에 브레스트 항으로 진출해 도버 해협으로 돌격할 것을 요청했지만 카디스로 들어간 것을 알고 다시 카리브 해를 향해 출항할 것을 명했다. 넬슨 함대를 유인해 그 틈에 영국 상륙 작전을 감행할 계획이었다. 하지만 빌뇌브는 무모한 작전을 실행하지 않았고 분노한 나폴레옹은 빌뇌브를 겁쟁이라고 나무라며 해임했다. 후임으로는 출세욕이 강하던 야심가 프랑수아 드 로실리 메스로 해군 중장을 임명했다. 10월 18일 드니 드크레 해군 장관의

✤ 그림 8-7: 트라팔가르 해전(오귀스트 메이어 작)

통지로 자신의 해임 소식을 들은 빌뇌브는 자포자기한 심정으로 후임인 로실리가 부임하기 전에 출격할 각오를 굳히고 10월 21일 독단적으로 카디스를 출항했다.

그리하여 역사적인 트라팔가스 해전(그림 8-7)이 발발하게 된다.

프랑스 함대의 움직임을 감시하던 넬슨은 즉각 함대를 움직여 역사적인 명령을 내렸다. 일대 결전이 될 것이라고 확신한 것이다. '영국은 제관들이 각자의 의무를 다할 것을 기대한다(England expects that every man will do his duty).'

넬슨은 기함 빅토리호를 선두로 좌측 종진(縱陣)을 이끌고 우측 종진은 미국 독립 전쟁 이래의 동료 커스버트 콜링우드 중장이 이끄는 로열 소버린호가 선두로 돌진했다. 적의 신속한 기동에 당황해 카디스 항으로 퇴각하려던 연합군 측의 진형이 순식간에 무너지고 말았다. 하는 수 없이 전 함대가 횡진을 이룬 상태로 전투를 벌이게 된다.

5시간에 걸친 난전 끝에 빌뇌브 함대는 약 20척이 나포 또는 소실되었고 11척이 카디스로 도망쳤다. 넬슨 함대는 함대를 한 척도 잃지 않고 완승을 거두었다. 하지만 마지막 순간 선두에 있던 빅토리호에 적의 공격이 집중되었다. 위기의 순간, 넬슨은 요함 테메레르를 선두로 내보내자는 부하의 진언을 무시했다. 빌뇌브의 기함 부상테르와 포격을 주고받으며 배후로 빠져나오는 순간 이번에는 프랑스의 르두타블호에 가로막혔다. 이때 르두타블호 마스트에 배치된 저격수가 빅토리호의 갑판 위에 서있던 제독의 군복을 발견했다. 넬슨은 워낙 눈에 띄는 걸 좋아하는 성격이었다. 당시 나폴레옹이 제복에 일상적으로 훈장을 장식하는 관습을 퍼뜨렸으나 해군에서는 드문 일이었다. 프로이센이 철십자 훈장을 제정한 것은 1813년의 일이다. 넬슨의 제복 가슴에는 배스 훈장, 나일 해전의 공로로 오스만 황제로부터 받은 초승달 훈장, 성 요아힘 훈장, 나폴리 왕실에서 받은 성 페르디난드 훈장까지 네 개의 훈장이 빛나고 있었다(그림 1-21). 초승달 훈장과 성 페르디난드 훈장은 넬슨을 위해 새롭게 제정된 특별한 훈장이었다.

해전은 크게 승리했지만 넬슨은 전투의 최종 국면에서 저격병의 총탄을 맞고 쓰러졌다(그림 8-8). 그는 마지막 순간까지 애인 엠마와 자녀들의 장래를 걱정했다. 그리고 '신께 감사드린다. 나는 내 의무를 다했다(Thank God, I hanve done my duty)'라고 중얼거리며 숨을 거두었다.

넬슨이 우려한 대로 엠마는 애인일 뿐이었기 때문에 그의 재산과

✤ 그림 8-8: 피격당해 쓰러진 넬슨 제독(다니엘 맥클리즈 작, 1859~1864년)

작위는 모두 넬슨의 형이 물려받았다. 엠마는 초라한 말년을 보내다 1815년 세상을 떠났으며 딸 호레이샤는 목사와 결혼해 평범한 삶을 살았다.

빌뇌브 제독은 포로로 사로잡혀 영국으로 송환되었으며 넬슨의 장례식을 참배한 후 석방되어 고국으로 돌아왔다. 하지만 프랑스 해군은 그의 복귀를 허락하지 않았다. 1806년 4월 22일, 그는 렌의 한 호텔에서 사체로 발견되었다. 스스로 목숨을 끊은 것으로 알려졌지만 영국의 신문은 그가 나폴레옹에 의해 암살당했다고 보도했다. 진상은 지금도 밝혀지지 않았다.

카디스로 도망친 함대는 결국 빌뇌브의 후임인 로실리 메스로가 지휘하게 되었으나 제해권을 잃은 프랑스 해군으로서는 더 이상 활약할 곳이 없었다. 나폴레옹은 영국 진공을 포기하고 오스트리아 전선으로 향했으며 함대는 잊혀졌다. 1808년 나폴레옹은 스페인 왕실의 내부에 개입해 형 조제프를 스페인 왕으로 세웠다. 이 일이 스페

✤ 그림 8-9 :윌리엄 터너 작 '전함 테메레르호'(1839년)

인 국민의 분노를 사면서 스페인 전역에서 게릴라(guerrilla, 작은 전쟁이라는 의미로 스페인 국민이 저항한 전투 방식에서 탄생했다)가 봉기했다. 카디스 항도 더는 안전하지 않았다. 스페인 선적의 군함은 적으로 간주되었다. 그 해 6월 로실리가 투항하고 프랑스 군함 5척이 스페인 측에 나포되었다. 로실리는 왕정 시대까지 살아남아 특별한 공적 없이도 특유의 처세술을 발휘해 요직을 역임했다.

　로실리 함대를 구출하기 위해 카디스로 향한 피에르 뒤퐁 중장의 군단은 바일렌에서 크게 패한 후 항복했다. 나폴레옹군 최초의 항복 선언이었다. 격노한 황제는 뒤퐁을 감옥에 가두었다. 그는 나폴레옹의 실각 이후 복귀했으며 왕정 시대에는 각료를 지냈다.

　넬슨의 기함 빅토리호는 지금도 영국 선적의 군함으로 포츠머스 항에 현존한다. 요함 테메레르호는 1838년 해체되었지만 그 최후의 모습은 조지프 터너의 유명한 회화 작품 '진힘 대메레르호'(그림 8-9)로 영원히 기록되었다.

⚜ 블레이저와 세일러복

1856년이 되면 넬슨이 입었던 연미복 스타일의 나폴레옹 재킷형 군복은 예복으로 입고 정복은 프록코트나 블레이저에 넥타이를 매는 현대식 복장으로 바뀌었다. 정복의 견장이 폐지된 이 시기, 해군 장교의 계급은 소매에 표시된 선으로 나타내게 되었다. 이런 방식은 영국 해군의 1795년형 군복부터 장성용 제복의 장식으로 시작해 하위 계급에도 적용되었으며 1856년이 되면 금색 선 4줄은 대령, 3줄은 중령과 같은 형식이 정착했다. 민간 선박 회사는 물론 20세기가 되면 항공 회사의 조종사 등도 이 방식을 채용해 4줄은 기장, 3줄은 부조종사와 같은 계급 표시를 현재까지도 사용하고 있다.

하복으로 흰색 제복을 입는 것도 19세기 후반 영국 해군이 인도와 아프리카의 더운 지역에서 처음 시작했다. 영국 해군에서 처음 시작된 네이비블루와 흰색을 조합한 마린룩은 지금도 패션계에서 널리 쓰이고 있다.

또 한 가지, 해군 제복의 특징은 금색 단추이다(그림 8-10). 18세기가 되면서 군복에 금속 단추를 다는 것이 일반화되었다. 금속의 가공 기술이 발달해 제작이 쉬워지고 왕실의 문장이며 소속 부대의 번호 등을 각인하는 기술도 발달한 것이다. 금속 단추는 시각적으로 군복의 격을 높일 뿐 아니라 튼튼하기도 했다. 1748년 영국 해군 최초의 제복의 단추는 영국 왕실을 나타내는 튜더 왕가의 장미 문양이었다. 1774년 닻 모양을 채용하고 1812년에는 '왕관과 닻' 문양으로 변경되었다. 일본 도쿠가와 막부의 해군이 훗날 이를 모방해 '미쓰바아오이(세 잎 접시꽃)와 닻' 문양의 금색 단추를 채용했다. 1870년에는

✻ 그림 8-10: 영국 해군의 금색 단추의 변화 과정. 상단 왼쪽부터 1748년 형, 1774년 형, 1812년 형. 하단 왼쪽은 일본 도쿠가와 막부의 해군, 오른쪽은 일본 해군의 금색 단추.

일본 해군이 '벚꽃과 닻'이 그려진 금색 단추를 제정해 1945년의 패전 때까지 사용했다.

해군은 군함을 타기 때문에 육군과 같이 적과 직접적으로 전투를 벌이는 일은 훨씬 적다. 사관용 제복은 일찍부터 국가 규정이 도입되었지만 부사관 및 병의 복장은 각각의 군함마다 경리관이 적당히 지급하는 식이었다. 그러다 보니 각 함대마다 복장이 제각각이었으며 여유가 있는 함대와 그렇지 않은 함대의 차이도 있었다. 19세기 중반까지 해군의 군함은 독립 회계로 운영되었다. 실제 사정은 해적선과 크게 다를 바 없었는데 사략선 면허 즉, 해적 행위가 가능한 국가 공인 면허를 취득해 적함을 나포하거나 적의 거점을 약탈하는 행위가 많은 군함일수록 형편이 좋았다. 수병용 제복은 빅토리아 여왕 시대인 1837년(1845년이라는 설도 있다) 영국 군함 블레이저호가 여왕의 사열을 받을 때 함장의 재량으로 사관뿐 아니라 부사관과 수병들의 제복을 통일한 것이 최초였다고 한다. 오늘날 감색 바탕에 금색 단추가 달린 재킷을 '블레이저'라고 부르게 된 기원으로 알려진다. 블레이저는 영국에서 '선명함' 또는 '화려함'을 의미한다. 이와 별개로, 영국 캠브리지 대학교 보트부의 유니폼에서 유래한 스포츠 블레이저가 또 다른 기원이라는 것도 정설로 알려진다. 당시 유니폼 상의가 선명한 빨간색이었기 때문에 '블레이저'라고 부르게 되었다는 것이다. 싱글형 스포츠 블레이저와 더블형 네이비 블레이저의 기원이 각기 다른 것인데, 네이비 블레이저의 기원은 군함 블레이저호라는 것이 영국 해군의 공식 입장이다.

세일러복 역시 마린 패션에 빠질 수 없다. 직사각형 칼라로 익숙한 세일러복은 1830년대 후반 영국 해군에서 그 원형이 거의 완성된 듯하다. 독특한 칼라의 유래는 여러 설이 분분하다. 당시 높은 마스트 위에서 소리를 잘 듣기 위해 옷깃을 세웠을 것이라는 것도 유력한 설 중 하나이다. 1857년 영국 해군의 수병용 제복으로 정식 지급이 시작된 이래 세계 각국의 해군이 이를 모방했다. 현재 일본의 해상 자위대도 세일러복을 사용하고 있다.

한편, 빅토리아 여왕이 왕자에게 세일러복을 입히면서(그림 8-11) 아동복으로도 인기를 끌었는데 그것이 퍼져 지금의 일본 여학생용 세일러복의 원점이 되었다. 일본에서 처음 세일러복을 통학복으로

✤ 그림 8-11: 세일러복을 입은 어린 에드워드 7세(프란츠 빈터할터 작, 1846년)

채용한 여학교에 대해 후쿠오카 여학원이라는 주장과 헤이안 여학원이라는 엇갈린 주장이 계속되고 있는데 시기적으로는 두 학교 모두 다이쇼 시대인 1920~1921년대의 일이었다고 한다. 따라서 일본의 메이지 시대를 그린 소설이나 애니메이션에 세일러복을 입은 여학생이 등장하는 것은 시대고증이 잘못된 것이다.

제 9 장

크림 전쟁 ~ 보어 전쟁

— 대영 제국과 카키색의 시대

❖ 그림 9-1: 아서 웰즐리 중령. 26세에 프 ❖ 그림 9-2: 아서 웰즐리 소장. 인도에서 활약
랑스 혁명 전쟁에 참가했다(존 호프너 작, 한 후, 넬슨과 만났을 당시의 초상(로버트 홈 작,
1795년경). 1804년)

❖ 빨간색 군복에 대한 의문

영국의 자랑스러운 영웅 중 한 명인 아서 웰즐리는 딱 한 번 넬슨
제독과 만난 적이 있다. 1805년 여름, 넬슨은 빌뇌브 함대의 추적을
포기하고 런던으로 돌아가 7월에 육군 식민지 대신에 취임한 캐슬레
이 자작을 찾아갔다. 웰즐리는 중령 시절(그림 9-1) 프랑스 혁명 전쟁
에 종군한 이후 오랫동안 본국을 떠나 인도의 마이소르 왕국과 마라
타 동맹 등의 현지 세력과의 전투에 참가했다. 동인도 회사의 총재
로서 그의 활약을 높이 평가한 캐슬레이 경은 웰즐리 소장(그림 9-2)
을 본국으로 불러들였다.

이미 유명 인사였던 넬슨의 외눈과 외팔을 본 웰즐리는 바로 그를
알아보았지만 넬슨은 무명의 육군 소장을 알지 못했다. 형식적인 인

❋ 그림 9-3: 미국 독립 전쟁에 참전한 영국 육군의 윌리엄 하우 소장. 삼각모에 고풍스러운 실루엣의 상의를 착용했으나 배색은 당대에 계승된 것이다(찰스 코벗의 판화 작품, 1777년).

사를 주고받고 먼저 캐슬레이 경을 만난 넬슨은 그에게 웰즐리 소장에 대해 들었을 것이다. 방에서 나왔을 때에는 태도를 바꿔 열심히 대(對) 나폴레옹 전략에 대해 이야기했다고 한다.

당시 웰즐리는 각료를 대면하는 공식적인 자리였던 만큼 육군 소장의 빨간색 군복을 입고 있었을 것이다. 1645년 올리버 크롬웰 시대에 등장한 빨간색 군복은 1707년 쥐스토코르 형태의 군복으로 공식 제정되었다. 1747년 파란색 턴 오버 칼라가 달린 독일풍 군복으로 개정되고 1760년에는 계급을 나타내는 견장과 소매 선 장식을 채용했다. 미국 독립 전쟁(1775~1783년)에서도 이 제복(그림 9-3)을 착용했다. 1790년부터 나폴레옹 재킷 형태의 연미복으로 바뀌고 장성은 계급에 따라 단추의 수를 달리하는 방식과 자수 장식을 채용했다. 모자도 삼각모에서 이각모로 바뀌었다. 영국 육군에서는 1802년부터 모자의 모서리가 앞뒤로 오도록 세로로 쓰는 방식이 정착했기 때문에 당시 웰즐리도 그런 방식으로 썼을 것이다. 한편, 해군은 1820년대까지 가로로 쓰는 방식을 고수했다.

❉ 그림 9-5: 웰링턴 공작 아서 웰즐리 원수. 장성의 견장을 폐지하고 오른쪽 어깨에 견식을 달게 된 시대. 싱글 버튼형 약식 복장으로 보인다(토머스 로렌스 작, 1817~1818년).

❉ 그림 9-4: 영국의 육군 소장(1810년대)

1811년 말부터 영국 육군에서는 장성의 견장을 폐지하고 오른쪽 어깨에 견식을 달게 되었으며 모자에는 흰색 타조 깃털 장식을 달았다. 빨간색 바탕에 파란색 턴 오버 칼라 그리고 금색 단추와 계급을 나타내는 금색 자수로 장식된 굉장히 화려한 복장(그림 9-4)이다.

이런 화려한 군장을 싫어하는 사람들도 있었다. 특히, 스페인 전선에서 큰 공을 세워 1813년 44세의 나이로 140명의 선임들을 제치고 육군 원수로 승임한 웰링턴 공작 아서 웰즐리(그림 9-5)는 이 빨간색 정식 군복을 좋아하지 않았다.

그 당시, 런던에서는 조지 브라이언 브럼멜(그림 9-6)이라는 인물이 희대의 멋쟁이로 인기를 누리고 있었다. 패션계에서 댄디즘의 시조라 불리는 유명인이다. 원래 기병 장교였던 그는 시골에서 근무하는 것이 싫어 제대했다. 그 오만한 태도와 독특한 패션 센스로 사교계의 총아로 부상한 그는 왕태자 조지(1811

년부터 섭정. 1820년 조지 4세로 즉위)의 눈에 들어 '보 브럼멜(Beau Brummell, 멋쟁이 브럼멜)'이라는 별명까지 얻었다. 평민 출신으로 아무 직위나 계급도 없는 그의 오만방자한 언동이 유명세를 타면서 베드포드 공작은 그에게 자신의 코트에 대한 비평을 요청했다. 공작의 상의를 빤히 보던 브럼멜은 그의 옷깃을 움켜쥐고 짜증 섞인 어조로 '베드포드, 당신은 이걸 코트라고 부릅니까?(Bedford, do you call this thing a coat?)'라고 말했다고 한다.

브럼멜은 어두운 색조의 신사복을 유행시켰다. 그때까지 신사복이나 군복 모두 화려한 색채를 사용하는 것이 당연한 일이었으나

✤ 그림 9-6: 조지 브라이언 브럼멜

브럼멜은 색을 최대한 줄이고 감색이나 파란색 또는 검은색 등의 수수한 색채 중심의 조합을 유행시켰다(그림 9-7). 여기에 노란색 베스트로 포인트를 주는 패션을 자주 선보였는데 그것은 그가 휘그당(자유당의 전신) 지지자였기 때문일 것이다. 오늘날 어둡고 수수한 색상이 신사복의 기본으로 정착한 것은 이 한 명의 댄디의 영향인 것이다. 웰링턴 공도 그런 댄디 중 한 명이었다. 섭정 조지가 브럼멜의 신봉자였기 때문에 당시 런던의 귀족과 고급 군인들은 모두 그 영향을 받았다. 다만, 토리당원(보수당의 전신)이었던 웰링턴 공은 파란색을 조합한 패션을 즐겼다고 한다.

✤ 그림 9-7: 보 브럼멜의 풍자화. 기묘한 복장이라며 부정적으로 묘사된 작품(리처드 다이턴 작, 1805년)

1815년 6월 15일 밤에도 웰링턴 공은 브뤼셀에서 열린 리치몬드 공작부인 샬럿이 주최하는 무도회에 참석했다. 여러 장성 및 각료와 고급 장교들과 함께였다. 나폴레옹군이 움직이기 시작한 것을 알고도 연회에 참석에 귀부인들을 상대하는 것이 댄디의 도리였다. 그런

데 나폴레옹군이 바로 코앞까
지 접근해 프로이센군의 블뤼
허 원수가 부대를 집결했다는
보고가 전해지자 연회장 안도
술렁이기 시작했다. 샬럿의 딸
이자 공작과 친교가 깊은 로스
남작 부인 조지아나가 상황을
묻자 그는 '예, 사실입니다. 내
일은 참석하기 힘들겠군요(Yes,
they are true, We are off tomor-
row.)'라며 아쉬운 듯 대답했다
고 한다.

❀ 그림 9-8: 워털루 전투에서 분전하다 전
사한 토머스 픽튼 중장의 초상. 실제로는 빨
간색 군복은 거의 입지 않았다(1815년의 초
상화).

　다음 날, 나폴레옹군과 맞닥뜨린 전장에서 웰링턴 공은 빨간색 군
복이 아닌 사복인 파란색 프록코트를 입고 있었다. 그가 전장에서
즐겨 입은 옷이었다. 발에는 수수한 경기병용 헤시안 부츠(독일 헤센
지방의 부츠라는 의미)를 신었다. 누구도 그가 총사령관이라고는 생각
지 않을 법한 복장이었다. 부관인 피츠로이 서머싯 중령도 1811년경
부터 공인된 야전용 파란색 더블 프록코트를 입고 있었다. 그 무렵
부터 영국 육군에서는 모든 병과의 장교들에게 코티(짧은 상의)나 감
색의 약식 복장, 흰색 반바지 대신 회색 긴 바지, 경기병용 부츠 등의
착용을 허가했다.

　애초에 당시 영국 육군의 군복은 각 연대가 알아서 조정하는 식으
로 규정은 있었지만 매우 느슨하게 운용되었다. 그날, 콰트레바스의

❈ 그림 9-9: 워털루 전투에서 병사들을 격려하는 웰링턴 공(로버트 힐링포드 작, 1892년)

십자로로 진격한 미셸 네 원수의 프랑스군을 제압한 맹장 토머스 픽튼 중장(그림 9-8)은 전장에서 정식 군복이 아닌 파란색 프록코트에 민간용 비버 모자(중산모. 당시는 아직 실크를 사용한 실크해트는 존재하지 않았다)를 착용하고 손에는 군도가 아닌 지휘봉(우산이었다는 설도 있다. 웰링턴 공작은 군인이 우산을 휴대하는 것을 금지했음에도 불구하고)을 들고 있었다. 이 날 전투에서 부상당한 픽튼은 18일의 워털루 결전에서 '공격하라! 돌격!'이라고 외치자마자 머리에 총탄을 맞고 낙마해 목숨을 잃었다.

네 원수가 이끄는 프랑스군은 영국군 근위 연대의 방진에 막혀 돌파하지 못했다. 웰링턴 공은 격전을 벌이는 병사들을 격려했다. '우리는 절대 질 수 없다! 일어나라, 제군들이여! 영국에서 보면 뭐라 하겠는가?(Men, we must never be beaten! Stand firm my lads! What will

they say of this in England?)'(그림
9-9)

　때마침 파란색 군복으로 통일
한 블뤼허 원수의 프로이센군이
가세하면서 나폴레옹의 자랑인
친위 척탄보병 연대가 무너지
기 시작했다. 빨간색 군복의 영
국 근위 보병이 마침내 친위대
를 격파하고 나폴레옹은 패주했
다. 이 전쟁을 기념하기 위해 영
국의 근위 척탄병 연대는 키가
큰 원통형 군모 베어스킨 캡을
쓰게 되었다. 나폴레옹군의 황
제 친위 척탄병의 군모를 모방
한 것이었다. 1831년부터는 모
든 영국 근위 연대에서 베어스
킨 캡을 착용하게 되었다. 지금
도 버킹엄 궁전 앞을 지키는 근
위병이 쓰고 있는 46센티미터나
되는 모자이다(그림 9-10).

❊ 그림 9-10: 현대의 아이리시 근위 연대병사

❀ 래글런 소매와 카디건

웰링턴 공 웰즐리 원수는 육군 참모 총장을 거쳐 1828년부터 1830년까지 수상을 지냈으며 그 후에도 내무대신을 역임했다. 빅토리아 여왕 치세에는 1842년부터 세상을 떠나기 직전인 1852년까지 육군 총사령관을 맡았다. 그동안 영국 육군의 군복은 1820년경 나폴레옹 재킷에서 더블 버튼식 상의로 바뀌고 1828년에는 흰색 바지 대신 검은색 바지를 채용했다(그림 9-11). 또 웰링턴 공 사후에는 1855년경 연미복 형태의 제복이 완전히 사라지고 더블 버튼식 짧은 재킷으로 바뀌었으며 1856년에는 단추가 8개 달린 싱글 버튼식 스탠드 칼라 군복으로 바뀌었다. 일본의 학생복 디자인에서 볼 수 있는 매우 심플한 '튜닉(고대 로마인들이 입었던 원피스 형태의 의복 튜니카에서 유래)' 군복이다. 1850년대 영국의 군복이 빠르게 근대화된 데는 1853년에 시작된 크림 전쟁의 영향이 크다.

흑해에 임한 크림 반도는 지금도 전략적 요충지로서 국제 분쟁의 초점이 되기 쉬운 지역이다. 왕년의 영화는 찾아볼 수 없을 만큼 국력이 약화된 오스만 제국에 대해 러시아가 남하 정책을 펼치며 개전하자 이듬해인 1854년 영국, 프랑스 등 러시아의 세력 확대를 우려하는 나라들이 오스만 제국의 편에 서면서 대규모 다국 간 전쟁으로 발전했다. 이 전쟁 이후, 극동 지역에서 러시아를 견제할 아군이 필요해진 영국은 개국 이후의 일본과 영일 동맹을 체결해 반세기 이후 벌어진 러일 전쟁의 도식에까지 영향을 미친다.

개전 직후, 세바스토폴 군항을 거점으로 하는 러시아 흑해 함대의 사령장관 파벨 나히모프 대장은 적극적으로 출격해 1853년 11월, 시

❧ 그림 9-11: 래글런 남작 서머싯 중위(윌리엄   ❧ 그림 9-12: 만년의 래글런 남작 서머싯 원수
솔터 작, 1838~40년)

노프 해전에서 오스만 함대를 격파했다. 세바스토폴 공략이 터키, 영국, 프랑스 측에 절대적인 승리의 조건이었다.

이 전쟁에서 영국 지상군의 지휘를 맡은 인물이 과거 웰링턴 공의 부관을 지낸 래글런 남작 피츠로이 서머싯 원수(그림 9-12)였다. 그는 워털루 전투에서 오른팔을 잃었지만 아내가 웰링턴 공의 조카였던 것도 영향을 미친 듯 승승장구해 육군 원수로까지 승진했다. 그는 크림 반도에서 혹독한 추위를 직면했다. 인도나 중동에서의 작전이 많은 영국군은 추위에 익숙지 않았다. 서둘러 대량 조달한 방수 코트에는 서머싯이 제안한 새로운 가공이 더해졌다. 소매가 달린 어깨 부분을 비스듬히 연결해 운동량을 확보하고 팔의 움직임을 자유롭게 만든 것이다. 오른팔을 잃은 자신의 경험을 바탕으로 최전선의 병사들에게 보다 활동성이 뛰어난 의복이 필요하다는 생각에서 채

❖ [왼쪽] 그림 9-13: 카디건 백작 브룬델 준장
❖ [오른쪽] 그림 9-14: 루칸 백작 빙엄 중장

용된 것으로 서머싯의 작호를 따 '래글런 소매'라고 불리게 되었다.
지금도 스포츠웨어나 코트 소매 등에 널리 이용되고 있는 방식이다.

니트 의류도 이전보다 대량으로 필요해지면서 근대 간호의 시조
로 유명한 플로렌스 나이팅게일이 민간의 니트 제품을 급하게 모아
크림 전선으로 보내기도 했다. 군복 안에 니트 소재의 방한복을 입
는 것이 상식이 되었다. 경기병 여단장 카디건 백작 제임스 토머스
브룬델 준장(그림 9-13)도 그중 하나로, 야전용 감색 늑골복 안에 방한
니트를 입었다.

1854년 10월 25일, 러시아군이 발라클라바 항구의 포대를 기습했
다. 오스만군 수비대가 도망칠 때 래글런 경 서머싯 원수는 기병 사

✤ 그림 9-15: 크림 전쟁, 발라클라바 전투 '경기병 여단의 돌격'(리처드 케이든 우드빌 작)

단에 주공 부대가 준비될 때까지 적을 견제하도록 명령했다. 이미 중기병 여단을 주공 부대로 돌린 사단장 루칸 백작 조지 빙엄 중장 (전시 특진, 그림 9-14)은 '전진해 포의 이동을 저지하라'는 래글런 경의 명령을 남은 경기병 부대만으로 러시아군 포대를 점령하라는 의미로 판단하고 미심쩍게 여기면서도 휘하의 카디건 백작에게 돌격 명령을 내렸다. 카디건도 비상식적인 판단이라고 여겼지만 결국 명령을 따라(그림 9-15) 670여 명 중 110명에 달하는 전사자가 발생하는 참극이 벌어졌다. 결과적으로 영국은 발라클라바를 제압하게 되지만 전투가 끝난 후 래글런, 루칸, 카디건은 책임 공방을 벌이게 된다. 루칸은 래글런에게 '당신이 경기병 여단을 사지로 몰았다(You have lost the light brigade.)'고 비난하며 명령을 전달한 뒤 전사한 부관 루이스 에드워드 놀런 대위에게까지 책임을 전가했다.

전투 중 부상을 입고 요양 차 영국으로 돌아간 카디건 백작은 뜬금없이 신문에 '발라클라바의 영웅'으로 실리게 되면서 빅토리아 여왕

🏵 그림 9-16: 발라클라바 헬멧

까지 알현했다. 반향이 워낙 커서 래글런과 루칸도 이후로는 진상을 입 밖에 내지 않았다. 그리고 부상당한 카디건 백작을 위해 그가 애용하던 니트를 입고 벗기 쉽도록 앞섶에 단추를 달았는데 이런 니트를 지금도 '카디건'이라고 부른다는 것이 정설이 되었다.

참고로, 발라클라바 전투가 유명해지자 나이팅게일이 전장에 보낸 방한용 니트 모자 중 눈만 드러나게 머리와 얼굴을 감싼 모자를 '발라클라바 헬멧'(그림 9-16)이라고 부르게 되었다.

연합군 측은 본격적으로 세바스토폴 요새 공략을 개시했다. 러시아군 총사령관으로 황제를 호위하는 최고 부관을 지낸 알렉산드르 멘시코프 공작은 거듭된 패배의 책임을 방기한 채 세바스토폴의 방위를 해군의 나히모프 대장(그림 9-17)과 부사령관 블라디미르 코르닐로프 중장(그림 9-18)에게 위임했다. 하지만 발라클라바 전투 직전인 10월 17일 코르닐로프가 전사하면서 나히모프는 고군분투할 수밖에 없었다. 늪지에서의 격전이 1년 가까이 이어졌다. 1855년 7월 10일, 나히모프는 중요 거점인 말라코프 요새를 시찰하던 중 저격병의 총에 맞아 이틀 후 세상을 떠났다. 9월에 프랑스군이 말라코프 요새를 점령하면서 마침내 세바스토폴 요새가 함락되고 러시아 해군의 거점이 사라지면서 이듬해 강화 조약이 체결되었다. 래글런 남작은 1855년 6월 28일 66세의 나이로 전장에서 세상을 떠났다. 심로로

✤ [왼쪽] 그림 9-17: 나히모프 대장의 전신상
(게오르그 빌헬름 팀 작)
✤ [오른쪽] 그림 9-18: 사관 시절의 청년 코
르닐로프(카를 브률로프 작, 1835년)

인한 우울증과 이질이 원인이었다. 발라클라바의 영웅 카디건 백작
은 중장으로 퇴역해 유유자적한 여생을 보냈다. 루칸 백작은 전장을
떠났지만 만년에 육군 원수로 승진했다. 멘시코프 공은 1855년 2월
정식으로 해임되어 이렇다 할 활약 없이 퇴역했다.

　러시아 육군은 전통적인 녹색 군복을 착용했다. 더블로 된 연미복
정복(그림 9-19)에 더블 프록코트 야전복은 나폴레옹 전쟁 시대와 크
게 다르지 않았다. 야전용 모자는 1811년경부터 프로이센의 차양이
달린 모자와 비슷한 에펠라제카를 착용했으며, 과거에 비해 차양의
각도가 깊어졌다(그림 9-20). 견장에는 1827년 이후부터 계급에 따라
별을 달게 되었다. 크림 전쟁 중이었던 1854년부터는 판 모양의 약

✤ 그림 9-19: 육군 군복을 입은 멘시코프 공(1851년). 녹색 바탕에 장식이 없는 약식 연미복에 훈장을 달았다.

✤ 그림 9-20: 러시아 해군의 나히모프 대장. 당시 러시아 군모의 차양은 각도가 가팔랐다.

식 견장 포고니를 착용하게 되면서 엄혹한 전장 상황에 맞게 근대화가 이루어졌다.

한편, 러시아 해군은 1693년 표트르 대제가 해군 창설을 결정한 당시부터 검은색이 상징색이었다. 흑해의 제해권을 얻기 위한 해군 창설이었기 때문인데 1708년 해군 원수로 임명된 표도르 아프락신 제독 역시 검은색 갑옷을 입었다. 1770년대에는 회색의 독일풍 군복에 검은색 턴 오버 칼라를 채용했다. 프랑스 혁명 전쟁에서 나폴레옹이 이집트 원정을 떠난 사이 이탈리아에서 크게 활약한 알렉산드르 수보로프 대원수의 육군을 지원하기 위해 지중해에 진출한 러시아 함대의 표도르 우샤코프 대장(그림 9-21)은 검은색 더블형 연미복을 입고 있었다. 러시아 황제는 우샤코프 함대를 넬슨 소장 휘하로 파견

❧ 그림 9-21: 러시아 해군의 우샤코프 대장 ❧ 그림 9-22: '카키색' 군복을 최초로 개발한 럼스덴 중장

하려고 했지만 넬슨이 자신보다 계급이 높은 우샤코프를 휘하에 두는 것을 강하게 거부해 실현되지 않았다. 세바스토폴에 참전한 나히모프 제독과 코르닐로프 제독은 검은색 더블 프록코트에 검은색 차양이 달린 모자를 쓰고 금색 견장을 단 군장을 착용했을 것이다.

❧ 카키색 군복의 등장

영국 육군의 빨간색 군복은 지나치게 눈에 띈다. 일찍이 웰링턴 공작 시대에 문제시되었던 주제이다. 1853년 영국에서 강선(라이플)을 가진 엔필드 라이플총이 양산되어 저격 명중률이 크게 향상되었다. 그리고 이때 화려한 색채에 관해서도 새로운 발상이 등장했다.

1848년 무렵, 재인도 영국군의 선도 군단(Corps of Guides)을 이끈 해리 버넷 럼스텐 중위(후에 중장. 1821~1896년, 그림 9-22)가 진흙으로 염색한 군복을 고안했다. 페르시아어에서 유래된 우르두어에 카키(Khaki, 진흙 색)라는 말이 있었기 때문에 이 군복도 카키라고 불리었다. 처음으로 전장에서의 위장 효과를 의식한 군복이다. 당시의 카키색은 인도의 흙 색깔인 황토색에 가까웠다. 이후부터는 주로 다갈색을 가리키게 되면서 현대 패션계에서는 갈색이 섞인 녹색을 뜻하는 단어로 정착했다.

선도 군단은 말하자면, 결사대와 같은 부대였다. 나폴레옹군의 친위 엽기병 연대의 전신으로, 이집트 원정에서 활약한 보나파르트 사령관의 선발대를 참고해 창설되었다. 주력 부대보다 먼저 적진 깊숙이 침투해 아군을 유도하는 위험한 임무를 수행하는 정예 부대로, 눈에 띄는 군복을 입고

✤ 그림 9-23: 줄루 전쟁 당시의 영국 육군 병사

움직였다가는 목숨이 몇 개라도 부족할 것이었다. 나폴레옹의 엽기병도 당시로서는 수수한 편이었던 녹색 군복을 입었다.

이 카키색 군복이 실전에 사용된 것은 시크교도를 제압한 1848~1849년의 제2차 시크 전쟁이었다는 것이 정설이다. 영국군은 그 후로도 아프가니스탄, 아프리카 등지에서 전투를 했다. 1879년의 줄루 전쟁에서는 근대식 무기가 없는 줄루족을 상대로 뜻밖

✤ 그림 9-24: 보어 전쟁 당시의 코만도 부대. 사복 차림으로 싸우는 신출귀몰한 게릴라 부대에 영국군은 상당히 애를 먹었다.

의 고전을 했으며 1월의 이산들와나 전투에서는 뼈아픈 패배를 맛보았다. 당시 영국 제24보병 연대의 병사는 단추가 5개 달린 빨간색 튜닉 군복에 검은색 바지를 입고 머리에는 방서모를 착용했다(그림 9-23). 이듬해인 1880년, 광물 자원이 풍부한 남아프리카 일대를 지배하기 위해 보어인(네덜란드 식민자의 자손)의 나라, 트란스발 공화국과 전쟁을 벌였지만 제대로 된 군복도 없이 수수한 농작업복 차림으로 전쟁에 나선 트란스발 군에 빨간색 재킷의 영국군이 패하고 말았다. 특히, 신출귀몰한 보어인 특수 부대 '코만도'(그림 9-24)에 크게 애를 먹었다. 후에 영국군은 이를 모방해 코만도 부대를 편성했다. 1899년 시작된 제2차 보어 전쟁에서 영국군은 전신 카키색 군복을 입고 무리한 토벌 작전과 보어인들의 강제 수용소 이송과 같은 비인도적

인 행위로 국제적인 비난을 받으면서 힘겹게 승리해 남아프리카 연방을 수립했다. 보어 전쟁에서 고전한 영국은 러시아와 싸울 여력을 잃고 1902년 영일 동맹을 체결하게 된다.

당시 종군 기자로 참전한 윈스턴 처칠은 포로로 사로잡혔다 탈주에 성공해 일약 큰 명성을 얻고 이후의 경력의 기초를 쌓았다.

1902년 영국 육군은 카키색 군복을 정식 군복으로 채용했다. 당시의 1902 군복(그림 12-1)은 제1차 세계대전에서도 영국 병사의 군장으로 사용되었다.

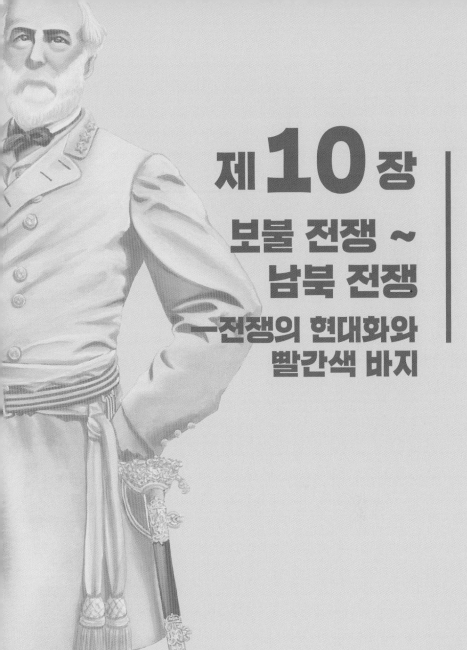

제10장

보불 전쟁 ~ 남북 전쟁

─전쟁의 현대화와 빨간색 바지

✤ 유행을 선도한 프로이센군

프리드리히 대왕 시대에 유럽을 석권하고 나폴레옹에게 굴욕적인 패배를 맛보았지만 최종적으로는 전승국이 된 프로이센은 다시 한 번 영국과 나란히 군장계의 패션 리더로서의 지위를 되찾았다. 세계 각국의 육군이 프러시안 블루를 참고해 감색이나 파란색 계열의 군복을 채용하고 차양이 달린 제모 쉬르뮈츠와 길이가 긴 프록코트도 프로이센에서 전 세계로 퍼졌다. 각국에서 철십자 훈장을 모방한 군사 훈장이 탄생했다. 1814년 프로이센군이 방풍 및 자세 유지를 위해 도입한, 옷깃을 세워 후크로 잠가 고정하는 '스탠드 칼라'도 각국에서 채용하게 되었다. 어깨에 달아 늘어뜨리는 견식의 기원은 프랑스였지만 세계적으로 유행한 것은 프리드리히 대왕의 근위병이 사용한 것을 다시 신생 프로이센군이 널리 퍼뜨렸기 때문이다. 프로이센군에서는 견식을 최상 예복과 정복에, 견장은 약복에 달았으며 야전복에는 아무것도 달지 않는 것이 원칙이었다. 또 예복이나 정복은 더블, 약복은 싱글 연미복(그림 10-1)을 입었다. 프록코트는 실전용 야전복으로 사용되었으며 원칙적으로는 견장을 달아야 하지만 블뤼허 원수를 비롯한 장성들은 견식을 선호했다고 한다(그림 10-2).

근위병에서 유래한 금장 '리첸(Litzen, 그림 10-3)'은 1808년 근위 연대에서 처음 사용한 이후 여러 나라에서 모방했다. 또 1815년 9월 이후, 프로이센군의 장성은 바지에 빨간색 3줄 선(그림 10-4)을 넣었는데 이것도 타국에 영향을 미쳤다. 폴란드 창기병들도 바지에 이런 장식 선을 사용했는데 계급을 나타내는 방법으로 사용한 것은 프로이센이 더 빨랐다. 블뤼허 원수의 이름을 딴 구두 블루처(그림 10-5)도

✤ 그림 10-1: 프로이센 군 참모 총장 그나 이제나우 장군. 견장이 달린 싱글 연미복은 당시의 약식 복장이다(Bundesarchiv_Bild_183-R06118).

✤ 그림 10-2: 프로이센 군 총사령관 블뤼허 원수. 더블 프록코트 차림으로 오른쪽 어깨의 장성용 견식이 눈에 띈다(1820년대 이전, 피터 에드워드 스트롤링 작).

19세기 후반에 널리 보급되었다.

1842년 전군에서 채용한 뾰족한 뿔이 달린 헬멧 '피켈하우베(Pick-elhaube, 그림 10-6)'는 그때까지 머리 방어를 생각지 않았던 각국 육군에 파문을 일으키며 프로이센군의 상징이 되었다. 이듬해인 1843년에는 길이가 짧은 튜닉형 군복을 선구적으로 도입했다. 1866년부터 견장은 정복에 달고 야전에서는 견장을 폐지하는 대신 매듭 끈 형식의 견장을 사용했는데 이것도 각국에서 모방했다. 동시에 약복에는 훈장의 메달 대신 리본만 장식하는 약장도 채용했다.

✤ 그림 10-3: 프로이센 근위병의 금장 '리첸'

✤ 그림 10-5: 블루처 구두

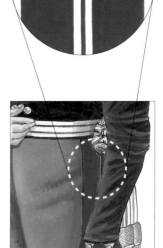

✤ 그림 10-4: 장성용 바지의 빨간색 3줄 선

✤ 그림 10-6: 피켈하우베

✤ 그림 10-8: 참모과 전용 리첸(금장)

1857년 프로이센 참모 본부의 총장으로 취임한 헬무트 폰 몰트케 소장(그림 10-7)은 실로 눈에 띄지 않는 인물이었다. 1800년 출생한 몰트케는 메클렌부르크의 소귀족 가문 출신으로, 나폴레옹 전쟁 당시 그의 일가는 뤼벡에서 코펜하겐으로 소개(疏開)했다. 그곳에서 덴마크 육군 사관학교에 입학해 그대로 덴마크군에 임관했다. 1822년 프로이센군으로 이적 후, 오스만 제국의 군사 고문 등을 지냈으나 군인으로서는 실적이

❊ 그림 10-7: 독일 참모 본부의 권위를 확립한 몰트케 원수

없는 장교였다. 말수가 적고 사교성이 떨어지는 데다 취미로 소설을 쓰는 인물이다 보니 군무에 있어서는 존중받지 못했을 것이다. 49세에 겨우 중령으로 승진했으니 출세도 굉장히 느린 편이었다. 하지만 이 무렵부터 참모 총장 카를 폰 레이허 대장과 국왕 프리드리히 빌헬름 4세의 눈에 들어 레이허 대장의 사후, 참모 총장에 취임했다. 당시의 참모 본부는 굉장히 침체된 상태로 조직적으로도 위기를 맞고 있었다. 그런 때 전년에 채용된 참모과 전용 리첸(그림 10-8)은 조직의 사기를 높이는 중요한 요소였다.

그 후, 몰트케를 얻은 참모 본부는 활력을 되찾아 1864년 슐레스비히 홀스타인 주의 귀속을 둘러싼 덴마크와의 전쟁에서 적확한 작전 지도와 동원 계획으로 높은 평가를 받았다. 1866년 같은 주의 오스트리아 관리지를 침략해 선전포고(보오 전쟁), 2개월 만에 프리드리히 대왕 시대 이래의 숙적 오스트리아의 항복을 받아내 나폴레옹 전쟁 이후 독일 연방의 맹주 자리에서 끌어내렸다. 마침내 프로이센 왕국은 오스트리아를 밀어내고 독일의 중심 국가로 우뚝 섰다.

이제 남은 것은 강력한 독일 국가의 성립을 결코 용인하지 않는 인접국이었다. 나폴레옹의 조카 나폴레옹 3세가 이끄는 프랑스 제국은 프로이센의 입장에서는 불구대천의 적국이었다. 오토 폰 비스마르크 재상은 요양 중인 국왕 빌헬름 1세의 허락도 받지 않고 나폴레옹 3세를 도발해 프랑스의 선전포고를 유도함으로써 1870년 7월 보불 전쟁이 개전했다.

❊ 빨간색 바지가 프랑스다!

나폴레옹 1세가 워털루에서 패배하고 왕정으로 돌아간 프랑스 왕국은 고난의 연속이었다. 패전국 신세로 그토록 거센 혁명과 동란을 겪은 뒤 다시 왕정으로 돌아간다고 해도 1789년 이전의 세상으로는 돌아갈 리 없었다. 1830년 마침내 7월 혁명이 일어났다. 국왕 샤를 10세가 망명하고 의회에서 그 서한을 읽게 된 왕족 오를레앙 공 루이 필리프(그림 10-9)는 쓰여 있던 왕의 손자의 이름을 읽지 않고 국왕

추대를 중의원에 맡겼다. 결국 루이 필리프는 국왕으로 선출되었다. 그는 즉위한 후 빨간색·흰색·파란색의 삼색기를 국기로 제정했다. 프랑스 혁명부터 나폴레옹 시대에 사용된 것으로 시민 혁명을 긍정한다는 의미였다. 그리고 프랑스의 모든 육군 장병들에게 빨간색 바지를 입도록 지시했다. 전해인 1829년 샤를 10세 시대에 이미 빨간색 바지의 채용

✤ 그림 10-9: 루이 필리프 왕(프란츠 빈터할터 작, 1839년)

이 결정되었지만 루이 필리프 본인이 직접 착용하며 적극적으로 보급시켰다. 빨간색·흰색·파란색의 삼색 중 흰색은 부르봉 왕가를 상징하는 색이라고도 하고 잔 다르크의 깃발에서 유래했다고도 한다. 파란색은 투르 대성당에 안치된 고대 로마 시대의 성인 생 마르탱(316?~397)을 상징하는 색이며, 빨간색은 파리의 성인이자 프랑스의 수호성인이기도 한 생 드니(?~258?)를 상징한다. 더 구체적으로는 생 드니의 '피의 색'을 표현한 것이다.

고대 로마 시대, 3세기의 파리. 이교도들에 사로잡힌 디오니시우

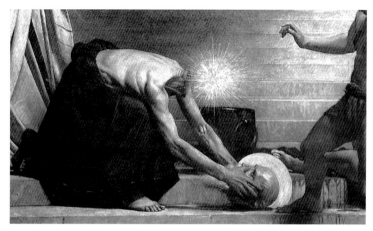

✤ 그림 10-10: 생 드니의 순교(레옹 보나 작, 1874~1886년)

스 주교는 최후의 기도를 드리며 각오를 굳혔다. 주변에는 먼저 참수당한 기독교도들의 사체가 뒹굴고 있었다. 처형인은 높이 쳐든 도끼를 온힘을 다해 내려쳤다.

썩둑하고 잘린 목이 땅에 떨어지면서 새빨간 선혈이 튀었다. 그런데……

아무 일 없었다는 듯 벌떡 일어난 디오니시우스는 바닥에 떨어진 자신의 머리를 집어 들었다(그림 10-10). '꺅!' 경악하는 처형인들을 무심히 지나쳐 피가 뚝뚝 떨어지는 자신의 머리를 든 디오니시우스의 몸이 걷기 시작하자 그의 머리는 주의 영광에 대해 이야기했다…….

마치 호러 영화 속 한 장면 같은 종교적 기적이 후대에도 영향을 미치게 되었다. 그는 새빨간 피가 떨어지는 자기 머리를 들고 수 킬로미터나 걸으며 설교를 계속했다고 한다. 그래서 그의 초상화는 대부분 자신의 머리를 들고 걷고 있는 모습으로 그려져 있다. 그가 순교한 장소인 '순교자의 언덕(Mont des Martyrs)'이 지금의 '몽마르트 언덕'이다.

그 후, 디오니시우스는 프랑스에서 큰 존경을 받았으며 7세기에는 성인의 반열에 올라 생 드니가 되었다. 그가 끝내 자신의 머리를 든 채 쓰러진 장소에 세워진 생 드니 대성당은 훗날 역대 국왕들의 묘소로 지정되었다. 중세의 프랑스군은 '몽주아 생 드니!(Mont-joie Saint-Denis!, 우리의 기쁨, 생 드니!)'라는 구호를 사용했다. 시대가 흘러 18세기 말의 프랑스 혁명 시대. 파리 시는 두 유명한 성인에서 유래한 빨간색과 파란색을 도시의 상징색으로 삼았다. 마침내 혁명이 발발하고 루이 16세가 시민과 타협하는 모습을 보이자 혁명을 주도한 파리 시민과 부르봉 왕가의 화해와 융합을 기원하는 빨간색·흰색·파란색의 삼색기가 국기로 제정되었다. 파리 시장 장 바이가 발안한(다른 사람이라는 설도 있다) 이 삼색기는 흰색을 추가해 '파란색 바탕에 빨간색과 흰색'을 문장에 사용한 오를레앙 공작 가문의 비위를 맞춘 것이 아니냐는 의혹이 제기되었다. 바이는 의혹을 부정했지만 수년 후 실각해 단두대로 보내졌다.

확실히 오를레앙 공작 가문은 빨간색과 흰색이 들어간 문장을 사용했으며 부르봉 왕정 동안에는 루이 14세의 동생이 창설한 가계가 존속했다. 그 후, 수 세대에 걸쳐 은밀히 본가의 단절과 왕위 찬탈을 노려온 가문이다. 혁명 시대의 오를레앙 공(루이 필리프의 부친)은 시민들의 편에 서서 입헌 군주제인 영국과 같은 정치 체제를 도입해야 한다고 주장했다. 시민들의 비위를 맞춰서라도 왕위를 차지하고 싶었던 것이다. 하지만 혁명의 진전과 나폴레옹의 등장으로 오를레앙공

✤ 그림 10-11: 페르디낭 필리프 왕태자. 불의의 마차 사고로 목숨을 잃었다(장 오귀스트 앵그르 작, 1842년).

의 야망은 실현되지 못하고 아들인 루이 필리프마저 혁명전쟁 중 군사령관이 적국으로 돌아서는 큰 사건에 연루되어 프랑스에서 추방되고 말았다. 나폴레옹이 세상을 떠나고 왕정복고를 계기로 21년 만에 고국으로 돌아온 루이 필리프는 그 후 15년간 호시탐탐 왕위 찬탈을 노렸다. 그리고 마침내 오를레앙가에서 첫 국왕이 탄생했을 때 루이 필리프는 자신이 부친과 마찬가지로 시민을 이해하는 국왕이며 혁명을 긍정한다는 메시지를 삼색기와 빨간색 바지에 담은 것이라고 볼 수 있다.

그런데 그의 아들 페르디낭 필리프 왕태자(그림 10-11)가 31세에 마차 사고로 갑작스럽게 세상을 떠나자 크게 의기소침했다. 페르디낭 필리프는 군복이 잘 어울리는 모델 체형의 미남이었다. 왕태자는 다비드의 제자인 화가 도미니크 앵그르의 후원자이기도 했다. 앵그르가 그린 그의 초상화는 베르사유 궁전 미술관의 주요 전시품 중 하나로 이 작품에서도 역시 빨간색 바지를 입고 있다.

끓어오르는 시민의 불만을 억제하지 못하고 결국 루이 필리프 왕도 1848년 퇴위해 프랑스 왕정은 종언을 맞았다. 그는 망명한 영국에서 실의의 나날을 보내다 세상을 떠났다. 하지만 빨간색 바지는 폐지되지 않았다. 나폴레옹의 조카인 나폴레옹 3세 황제는 제정을 부활시켰지만 루이 필리프가 보급한 빨간색 바지는 혁명 정신에 부합한다는 이유로 폐지하지 않았다. 이로써 빨간색 바지는 프랑스군의 전통적인 군장으로 완전히 정착했다.

빨간색 바지의 프랑스군은 보불 전쟁에서 완패하고 나폴레옹 3세가 포로로 사로잡히는 최악의 상황을 맞았다. 당시 이미 고성능 총을 장비한 프로이센군을 상대로 프랑스군의 빨간색 바지는 지나치게 위험한 차림이었다. 몰트케 대장(전후에는 원수)의 지휘 하에 전쟁은 10개월 만에 프랑스의 항복으로 끝이 나고 나폴레옹 3세는 퇴위했다. 프로이센은 베르사유 궁전에서 독일 황제 빌헬름 1세를 국왕으로 추대하고 독일 제국의 건국을 선언했다.

프랑스에서는 제정이 막을 내리고 공화정이 부활했다. 20세기에도 빨간색 바지는 살아남았다. 당시 프랑스 국내에서도 빨간색 바지를 문제시한 사람이 있었다. 제1차 세계대전 개전 당시의 국방 장관 아돌프 메시미는 지나치게 눈에 띄는 빨간색 바지를 수수한 색으로 개정해야 한다고 제안했지만 전 국방 장관 외젠 에티엔은 이를 일언지하에 부정했다. '절대 안 된다! 빨간색 바지가 곧 프랑스다!(Jamais! Le pantalon rouge c'est la France!)'

이윽고 기관총과 비행기가 등장한 전쟁이 시작되자 시대착오적인 군장이라는 것을 깨달은 프랑스군도 고집을 버리고 과거의 영광을 상징하는 빨간색 바지를 폐지하고 옅은 하늘색 군복을 채용했다. 1915년의 일이었다.

⚜ 블루·그레이 전쟁

1855년 9월, 크림 전쟁의 세바스토폴 공방전 최종 국면에서 프랑스군의 파트리스 드 마크마옹 중장이 지휘하는 부대가 크게 활약해 말라코프 요새를 공략했다. 이때 가장 눈길을 끈 것이 알제리의 민족의상을 입은 주아브 병사(그림 10-12)였다. 본래는 1830년 알제리인을 중심으로 편성된 외인부대였으나 이 무렵에는 민족의상풍의 군복을 입은 일반 연대가 되었다. 체시아라고 하는 술 장식이 달린 펠트 모자에 터번을 두르고 풍성한 자홍색 바지에 화려한 장식이 들어간 베스트를 걸친 지극히 이문화적인 복장이었다. 그로부터 4년이 지난 1859년 마크마옹 대장은 주아브 부대를 포함한 프랑스 제2군을 이끌고 이탈리아 독립 전쟁에 참전해 6월 4일, 밀라노 근교의 마젠타 전투에서 오스트리아군을 격파했다. 여기서도 주아브 병사의 용전과 자홍색 바지가 눈길을 끌며 그 이후부터 인쇄업계나 패션업계에서는 적색 계통의 이 색을 '마젠타'라고 부르게 되었다. 마크마옹은 이 전투를 승리로 이끈 공적으로 나폴레옹 3세로부터 마젠타

⚜ 그림 10-12: 주아브 병사

공작의 작위를 받았으며 훗날 프랑스의 대통령이 되었다.

이처럼 크게 호평을 받은 주아브 병사의 군장은 당시의 군장 세계의 가장 뜨거운 유행이 되었다. 그리고 이 동양적인 군복을 가장 적극적으로 채용한 외국군은 뜻밖에 2년 후 발발한 미국 남북 전쟁(1861~1865년)의 남과 북 양쪽 군대였다.

양군 모두 본고장 프랑스에서 대량의 주아브식 군복을 구입했으며 모방한 제복까지 포함해 많은 연대에서 알제리 패션을 걸친 미국인 병사들이 전투를 벌였다. 하지만 전장이 가열화되고 보급 상황도 악화되면서 더는 주아브풍의 군장을 유지할 수 없었다. 1862년 말에는 남북군 어느 진영에서도 주아브풍의 군장을 거의 찾아볼 수 없었다.

링컨의 대통령 당선을 계기로 남부의 11개 주가 미합중국을 이탈하면서 시작된 남북 전쟁은 5년간 62만 명이 목숨을 잃는 참혹한 내전으로 번지고 말았다. 북군은 본래의 미합중국 육군의 색상인 파란색, 남군은 회색을 기조로 한 군복을 입고 싸웠기 때문에 블루&그레이 전쟁이라고도 불리었다.

미 육군의 군복은 조지 워싱턴이 프로이센풍의 파란색과 노란색 제복(영국 휘그당풍이라고도 했다)을 제정한 이후 1810년대의 미영 전쟁(1812~1814년)에서는 이각모와 샤코 그리고 나폴레옹 재킷과 같은 프랑스풍 군복을 입었다. 나폴레옹 전쟁의 혼란을 틈 타 캐나다 등을 차지하려던 미군은 영국 육군의 명장 아이작 브록 소장과 영국군과 동맹을 맺은 쇼니족 전사 테쿰세의 분투로 고전을 면치 못했다. 테쿰세의 가장 유명한 초상(그림 10-13)은 영국 육군이 보낸 빨간색 군

✤ 그림 10-13: 쇼니족의 전사 테쿰세 (프랑스인 무역상의 스케치를 바탕으로 미국의 역사가 벤슨 존 로싱이 제작한 초상화).

복을 입은 모습을 그린 작품이다.

유럽 유행의 변화를 수용한 미국은 1825년 프로이센풍의 차양이 달린 제모 포리지 캡(Forage cap), 1829년에는 프록코트, 1832년에는 더블 연미복, 1833년에는 셀 재킷이라고 하는 길이가 짧은 약복 등을 채용해 멕시코와의 전쟁(1846~1848년)에 돌입했다. 1835년에는 견장을 다는 세로형 띠에 계급 배지를 부착하는 미국의 독특한 약식 계급장, 1841년에는 하늘색 바지 등을 채용했다.

북군은 미 육군의 복제를 계승해 장교급 이상은 프록코트, 부사관 및 병은 셀 재킷 등의 약복을 착용했다. 당시 미 육군의 프록코트는 계급에 따라 단추의 수가 달랐다. 위관은 단추 9개가 한 줄로 배치되고 영관은 7개가 두 줄(총 14개), 준장은 2개＋2개＋2개＋2개가 두 줄(총 16개), 소장과 중장은 3개＋3개＋3개가 두 줄(총 18개)로 배치되는 등 엄밀한 규정이 있었다. 제모는 프랑스풍 케피(원통형 모자)를 모방한 M1858로, 윗부분이 평평한 매클렐런식과 비스듬한 형태의 맥도월식이 혼재했다. 매클렐런식은 전쟁 초기의 총사령관 조지 매클렐런 소장, 맥도월식은 그의 부하였던 어빈 맥도월 소장이 썼던 제모의 모양에서 유래되었다(그림 10-14). 그 외 장교급 이상은 펠트 소재의 슬라우치 해트(slouch hat)나 M1858 하디 해트(Hardee hat)를 즐겨

썼다. 하디 헤트란 명칭은 사
관학교의 교장이었던 윌리엄
하디 중령의 이름에서 유래된
것으로 그는 후에 합중국 육
군을 그만두고 남군으로 이적
했다.

한편, 남군은 급하게 군대를
창설하면서 유럽 각국의 군복
을 모델로 한 복제를 고려했
으나 결국 회색을 기조색으로
선택했는데 이는 당시 오스트
리아군의 정복에서 영향을 받
은 것으로 보인다. 당시 많은
나라들이 프러시안 블루 계
통의 색을 사용했으며 합중국

❀ 그림 10-14: 북군의 매클렐런 소장(오른
쪽)과 맥도월 준장(그 후 소장). 두 사람이 쓴
군모의 모양과 계급 차이를 나타내는 단추
수에 주목(1862년 촬영).

육군(북군)이 그 대표격이었기 때문에 북군과 확연히 다른 색상에 입
수하기도 쉬운 옷감으로 프로이센의 숙적 오스트리아의 군복을 떠
올렸을 것이 분명하다.

색은 다르지만 기본적으로는 북군과 비슷한 복장이었다. 프록코
트의 단추 수도 위관이 9개 한 줄, 영관이 7개 두 줄, 준장은 2개 + 2
개 + 2개 + 2개가 두 줄(총 16개), 소장 이상은 3개 + 3개 + 3개가 두 줄
(총 18개)로 동일했다. 북군의 단추에는 US, 남군의 단추에는 CS라고
쓰여 있었으며 장성의 단추는 양군 모두 독수리 문장이 그려져 있었

다. 또 남군의 장교급 이상은 군복 칼라에 독일의 리첸과 같이 소위가 1줄, 중위가 2줄, 대위가 3줄의 선을 넣은 계급장을 사용했다. 영관은 별 모양으로 된 성장(星章), 장성은 리스 장식을 두른 성장을 달았다. 하지만 남군의 총사령관 로버트 E. 리 대장(그림 10-15)은 계급에 맞는 제복을 입는 것을 좋아하지 않았다. 준장용 단추 배치에 대령의 금장을 단 프록코트를 애용했다. 전쟁 막바지에 북군의 지휘를 맡은 율리시스 그랜트 중장은 마지막까지 전투 지휘 능력이 뛰어난 리 장군 때문에 고전했다고 한다. 리와 그랜트가 직접 대결한 1864년 5~6월의 콜드 하버 전투에서는 남군의 2배나 되는 전력의 북군이 패배했다. 후에 그랜트는 '콜드 하버에서는 우리가 입은 손실을 만회할 만한 이점이 전혀 없었다'며 완패를 인정했다.

장기전이 이어지자 그랜트의 부관이었던 윌리엄 테쿰세 서먼 중장(그림 10-16)은 이렇

✤ 그림 10-15: 남군의 총사령관 리 대장

게 술회했다. '내가 미쳤을 때 그(그랜트)는 내 곁을 지켰고 그가 술에 취했을 때 나는 그의 곁을 지켰다. 그리고 지금 우리는 항상 서로의 곁을 지키고 있다(He stood by me when I was crazy, and I stood by him when he was drunk. and now, sir, we stand by each other always). 셔먼의 미들네임은 대전사 테쿰세에서 따왔다.

20세기가 되자 리, 그랜트, 셔먼의 이름이 모두 미군 전차의 애칭이 되었다.

❀ 치노 팬츠와 티셔츠도 군복

남북 전쟁이 끝나고 회색의 남군이 해산하면서 미국에는 파란색 군대가 남았다. M1892 정복은 스탠드 칼라에 속단추식 상의였다. M1884 퍼티그 블라우스(Fatigue blouse, 작업복)에서 미군도 마침내 카키색을 실전용으로 사용하기 시작했다. 1895년 장교의 칼라에는 'U. S.' 휘장, 제모에는 국가 휘장인 독수리 마크를 부착했다. 스페인과의 미서 전쟁(1898년)을 거쳐 파란색 스탠드 칼라의 M1902 드레스 블루 예복을 채용하는 동시에 올리브 드래브(갈색이 섞인 녹색) 색상의 M1903

❀ 그림 10-16: 북군의 셔먼 중장

✤ [왼쪽] 그림 10-17: 독립 전쟁 당시의 미 해군의 지휘관 존 폴 존스 대령(조지 매튜스 작, 1890년경) [가운데] 그림 10-18: 미영 전쟁(1812~1815년)의 영웅 올리버 해저드 페리 해군 대장(에드워드 무니 작, 1839년). [오른쪽] 그림 10-19: 막부 말기에 일본을 내항한 것으로도 유명한 매슈 C. 페리 대장. M1852 연미복을 입고 있다.

야전복이 등장했다. 또 미서 전쟁 당시 스페인령 필리핀에 주둔하던 미군은 방서 피복을 구하기 위해 중국을 경유해 영국제 카키색(황토색 계통) 면을 입수했다. 이 면은 스페인어로 중국을 뜻하는 '치노(chino)'라고 불렸는데 이때부터 방서복을 치노즈, 특히 면으로 된 바지를 '치노 팬츠'라고 부르게 되었다(치노의 어원에는 여러 설이 있지만 모두 중국에서 유래했다는 견해가 일반적이다).

미 해군의 군복의 경우, 독립 전쟁 시기인 1776년에는 빨간색 베스트와 턴 오버 칼라의 프랑스 해군의 복장을 모방했다. 유명한 존 폴 존스 대령의 초상(그림 10-17)은 모두 빨간색 칼라가 달린 군복을 입고 있다. 1802년에는 영국 해군풍의 나폴레옹 재킷과 이각모, 미영

✻ [왼쪽] 그림 10-20: 북군의 데이비드 패러거트 해군 소장(1863년 촬영). [가운데] 그림 10-21: 북군의 패러거트 해군 중장(1865년경 촬영). 소매의 수장과 견장이 신형으로 바뀌었다. [오른쪽] 그림 10-22: 미 해군의 체스터 니미츠 소령(1907년경 촬영). 검은색 스탠드 칼라가 달린 정복으로 일본 해군의 일종 군장과 비슷한 스타일이었다.

전쟁 중이었던 1812년에는 더블 연미복을 채용했다. 당시 활약한 올리버 해저드 페리 대장의 군복(그림 10-18)은 영국 해군의 군복과 매우 비슷하다. 1830년에는 독일풍의 차양이 달린 약모도 등장했으며 1852년에는 영국 해군풍의 연미복(예복)과 프록코트(정복) 여기에 소매에 다는 수장(袖章)과 육군형 견장이 도입되었다. 1853년 일본 우라가(浦賀)에 내항한 매슈 C. 페리 대장(앞의 페리 대장의 동생, 그림 10-19)도 이런 군복을 입고 있었다.

1862년부터 미 해군에 처음으로 소장의 계급이 생기면서 이를 위한 수장과 견장이 제정되었다(그림 10-20). 이듬해에는 수장과 견장 전반을 재검토해 대대적인 개정이 이루어졌다(그림 10-21). 1877년 스탠드 칼라와 속단추가 달린 정복이 채용되고 색조도 블루 유니폼이라고 불렸지만 실제로는 검은빛을 띠는 색으로 바뀌면서 20세기 이후 미 해군의 군복은 더욱 검은색에 가까워졌다(그림 10-22). 중기기관이 보급되면서 석탄을 자주 다루게 된 것도 하나의 이유라고 볼 수 있다. 1898년의 미서 전쟁에서 수병의 간이 피복으로 흰색 속옷이 지급되었는데 이것이 오늘날 많은 사람들이 즐겨 입는 티셔츠의 기원이 되었다. 1905년의 열대지방용 카키색 군복, 제1차 세계대전 이후인 1918년의 더블 블레이저와 넥타이를 착용하는 영국 해군풍 스타일이 등장해 현대에 이르기까지 기본은 크게 바뀌지 않았다.

제11장
무진 전쟁 ~ 러일 전쟁
─일본 군복의 여명기

❧ 사이고 다카모리의 '대장 군복'

전국 시대 일본인들은 남만인(주로 포르투갈인)들로부터 화승총 등의 무기와 유럽의 문물을 다수 도입했으나 도쿠가와 막부 시대가 되면서 이른바 쇄국 상태가 되었다. 오사카 전투가 끝나고 도요토미 가문이 멸망한 1615년은 스웨덴의 구스타브 2세 아돌프 왕이 활동을 개시한 무렵이다. 유럽의 군대가 근대화되고 군복이 도입되던 이 시기에 일본은 유럽과의 교류를 축소했다. 그런 탓에 1853년 미국 해군의 페리 대장이 흑선을 이끌고 나타나자 200년 이상의 격차를 느꼈던 것이다.

무사들은 이내 서양의 복식을 도입했다. 특히, 군복으로서였다. 1863년 조슈 번의 다카스기 신사쿠(高杉晋作)가 창설한 기병대의 서양식 군복(그림 11-1)이 그 빠른 예였다. 무진 전쟁(1868~1869년)은 미국의 남북 전쟁 직후, 보불 전쟁 직전에 일어난 내전으로 세계의 재고 무기와 군복 원단 등이 일본으로 모였다. 프랑스의 지원을 등에 업은 구 막부군, 영국의 지원을 받은 사쓰마군 등 양 진영 모두 스탠드 칼라나 턴 오버 칼라 스타일의 군복을 착용하고 전투를 벌였다.

메이지유신을 거쳐 1870년에는 태정관 포고로 일본의 육해군 군복의 복제가 제정되었다. 일본 최초의 정식 군복 제정이었다. 해군은 영국식이라고 불렀으나 당시 제정된 해군 군복은 영국식이라기보다는 오히려 도쿠가와 막부 시대 이래 많은 영향을 받은 네덜란드 해군의 색채가 강한 복제였다. 동시에 최초의 육군 복제가 제정되었으며 이듬해 2월에는 사이고 다카모리가 이끄는 '어친병(御親兵)'이 조직되었다. 사쓰마 번과 조슈 번 등의 무사로 구성된 천황 직속 군

✤ 그림 11-1: 기병대 병사(1864년 촬영). 일본 초기의 서양식 군복의 착용 예.

대로, 후의 근위사단의 전신이다. 그리고 1873년 징병제에 의한 일본 육군이 성립하면서 '육군 무관 복제'가 새롭게 제정되었다.

흥미로운 것은 육군의 복제가 과도기를 맞고 있던 상황에 군의 최고 사령관인 천황의 양장 복제가 제정되었다는 점이다. 1872년 11월 문관 대례복 형태의 '어정복'이 제정되었으나 프리드리히 대왕과 나폴레옹 시대 이래 외국의 군주는 공식 석상에서 자국의 군복을 입고 훈장을 달아야 한다는 것을 알고 1873년 6월 서둘러 신형 '어군복'을 제정한 것이다. 이 어군복은 당시 프랑스군의 정복(그림 11-4)과 같은 늑골복 형식이었다.

같은 해 5월 새로운 육군 '정장(正裝)'이 등장했는데 이것은 더블 프록코트식이었다. 얼마 후 육군에서는 '약장(略裝)'도 제정했다(그림 11-3). 이것은 늑골복 형식이었는데 이 스타일이 이후의 군장(군복)으로

❋ 그림 11-2: 세이난 전쟁 종결 후 입궐한 육군 사령관들(1877년 촬영). 중앙이 오야마 이와오, 오른쪽에서 세 번째가 구마모토 지역 사령관 다니 다테키. 아직 단추가 곡선으로 배치된 정복이 많지만 직선형 단추와 독일식으로 3줄 선을 넣은 바지가 눈에 띄는 신형 군복을 입은 사람도 있다.

정착해 이른바 정복이 되었다. 결과적으로 천황의 어군복이 메이지 육군의 복제 중에서는 약복에 해당하는 양식이 된 것이다. 천황의 군복과 육군의 군복 제정 작업이 연동되지 않고 이루어진 탓에 일어난 혼란이었을 것이다.

1880년 10월 천황의 정복과 군복을 육군과 동일한 형식으로 통일해 '육군식 어군복'으로 총칭하게 되면서 마침내 7년에 걸친 천황 복제의 혼란이 해소되었다.

사이고 다카모리의 자택에는 나폴레옹, 조지 워싱턴, 호레이쇼 넬슨, 표트르 대제의 초상화가 걸려 있었다. 하나 같이 군복을 입은 군인으로서의 인상이 강한 인물로, 사이고 다카모리 역시 그 영향을 받았다. 사이고가 이끄는 어친병의 군복은 1870~1872년의 복제를 바탕으로 한 9개의 단추가 달린 싱글 버튼식 상의에 소매에는 계급을 나타내는 산 모양의 띠가 둘러져 있다. 머리에는 프랑스식 케피 제모를 썼다. 전체적으로 당시 프랑스 육군의 약식 복장과 비슷하다. 이 군복은 지금도 가고시마 현 역사자료센터 여명관에 보존되어 있으며 흔히 '사이고 다카모리의 군복'이라고 하면 이 군복을 말하는 경우가 많다.

이 군복의 가장 큰 특징은 모자 상부에 별 마크가 들어가 있다는 점이다. 흔히, 별 모양이라고 불리는 '오각성'은 이때부터 일본 군복에 도입되었다. 별 모양을 널리 이용한 것은 프랑스군으로, 영국으로부터의 독립 전쟁 이래 프랑스의 지원을 받은 미국은 그 영향으로 국기는 물론 군복에도 별 모양을 도입했다. 왜 프랑스와 미국에서 별 모양이 유행했는지는 정확히 알려지지 않았지만 프리메이슨의 표식에서 유래되었다는 추측도 있다. 워싱턴이 프리메이슨 회원이었다는 것은 널리 알려진 사실이다. 한편, 일본에서 오각성은 예부터 음양사가 이용한 결계의 모양으로, 액을 쫓는다는 의미가 강하다. 그런 이유에서인지 일본 육군에서는 별 모양을 적의 총탄을 피한다는 의미에서 '다마요케(多魔除け)'라고도 부른다. 이 별 모양은 당시 병부성에 근무하던 니시 아마네가 제안했다는 설이 있는데, 사이고 다카모리의 의향을 무시하고 결정할 수 있는 일은 아니었을 것이다.

다만 이 어친병 군복이 사이고의 이상을 완벽히 구현한 군복은 아니었던 것 같다. 1873년 5월에 제정된 육군 '정장'은 프랑스 육군의 예복과 비슷하며 가슴 부분에는 단추 9개가 2줄, 총 18개나 달려 있다. 이 단추가 배치된 방식이 당시 프랑스와 미국의 예복과 같이 곡선을 그리고 있는 것이 특징이다. 소매의 계급 띠도 7개의 금색 띠가 복잡하게 교차하는 화려한 프랑스식을 채용했다. 사이고가 세상을 떠난 직후, 도코나미 마사요시(床次正精)가 그린 육군 대장의 정장을 입은 그의 초상화가 있는데, 초상화의 더블 프록코트식 제복은 1873년 5월에 제정된 복제로 실제 사이고도 이 군복을 맞췄을 것으로 보인다. 1873년 10월에 관직을 그만두고 가고시마로 돌아간 그는 1877년 세이난 전쟁에서 정부에 반기를 들고 거병하기 전까지 육군 대장의 지위에 있었기 때문에 입을 기회는 적었겠지만 이 군복을 가지고 있었을 것이다.

사이고는 세이난 전쟁에 육군 대장의 군복을 입고 출격했다는 것이 정설이다. 그리고 구마모토 성에 주둔하던 육군 부대에 '자신의 명령을 따르도록' 압박했다. 그는 전쟁 막바지인 1877년 8월 16일(혹은 17일) 사쓰마군을 해산시킨 후 자신의 소지품과 서류를 불태웠다. 이때 타고 남은 벼루가 지금도 사이고 다카모리 숙진터 자료관에 보존되어 있다. 이때 육군 대장의 군복도 불태웠다고 하니 현재 여명관에 보존된 사이고 다카모리의 군복은 세이난 전쟁 때 입은 것이 아니라 그 전인 어친병 시절의 군복이라고 볼 수 있다.

프랑스와 미국을 좋아한 사이고와 달리 육군의 실질적인 이인자, 야마가타 아리토모(山縣有朋)는 독일에 우호적인 감정을 가지고 있었다. 보불 전쟁에서 프랑스군이 대패하자 앞으로의 유행은 프랑스가 아닌 독일 제국이 이끌어갈 것이라고 실감한 것이다. 그런 그가 육군경(후의 육군 대신)에 취임하면서 군복도 조금씩 독일풍으로 바뀌었다. 1873년 9월에는 5월에 제정된 정장 단추의 개수를 7개씩 두 줄, 총 14

개로 줄였다. 1875년에는 곡선으로 된 단추 배치를 독일의 예복에서 볼 수 있는 직선형으로 변경했다(그림 11-2). 장성용 바지에 독일군풍의 빨간색 3줄띠를 넣은 것도 이때였다. 1886년이 되면 어깨에 독일 군식 매듭 끈 견장을 다는 등 점점 더 독일군 스타일에 가까워졌다.

그 밖에도 야마가타가 채용한 흥미로운 복식 중 하나로 '참모 견식' 또는 '참모 견장'이라고 부르는 금몰로 만든 끈 장식이 있다. 앞에서도 다루었지만, 견식은 외국의 경우 장군을 모시는 부관이나 군주 직속의 근위대 또는 친위대 장병이 착용했다. 그런데 일본군에서는 무슨 이유에서인지 참모의 상징이 되었다. 1871년 참모국(후의 참모본부)을 창설한 그는 자신의 수하 참모들에게 권위를 부여하기 위해 일본의 독자적인 규정을 만든 것이었다. 이후 일본의 참모들은 이 금몰 장식을 항상 착용하게 되면서 삐뚤어진 엘리트 의식을 키우게 된다.

✤ 러일 전쟁과 카키색의 채용

이후 일본 육군의 군복은 많은 변천을 겪게 된다. 장교용 복장으로는 메이지 8년식(1875년) 군장(그림 11-3)이 있다. 당시의 야전복 즉, 약복으로 제정되어 일상적으로 입는 정복으로 착용하기도 했다. 전년도에 등장한 원형을 부분 개정한 것으로 1886년 이후에는 이를 바탕으로 한 군복이 장교의 군장이 되었다. 모델이 된 당시 프랑스 육군의 정복(그림 11-4)과 비교하면, 분명히 알 수 있다. 하지만 장성용 바지에 3줄의 선을 넣는다거나 군모의 산 부분을 독일풍으로 크게 부풀리는 등 점차 프랑스풍에서 멀어졌다. 또한 칼라는 턴 오버 칼라나 스탠드 칼라 어느 것이든 상관없었다고 한다. 간혹 이 시기 육군의 군복 색상이 화제가 되기도 하는데 장교급 이상은 검은색이나 짙은 감색 중 어떤 것이든 상관없었고 부사관 이하는 짙은 감색이 기본이었다.

메이지 8년식 병사용 정복(그림 11-5)은 당시 부사관 및 병이 착용한 정복이다. 점차 독일풍으로 바뀌기 시작한 군복으로, 가슴 부분의 장식은 독일 근위병을 의식한 디자인이다. 머리에는 피켈하우베와 비슷한 정모를 착용했다. 약모는 프랑스풍 케피 군모가 아닌 독일풍을 채용했다. 근위병은 빨간색, 사단병은 노란색 장식을 사용하는 것이 당시의 규칙이다. 군화는 미국인 기술자에게 전수받아 만든 짙은 갈색 가죽으로 제작했다.

메이지 19년식(1886년) 군복은 독일의 군복을 의식한 복장으로, 러일 전쟁 때까지 일본 육군의 부사관 및 병의 기본 군장이었다. 같은 메이지 19년식 기병의 군장(그림 11-6)은 굉장히 화려한데 견장의 양식 등은 완전히 프랑스식이었다. 당시 근위 기병은 빨간색, 사단 기병은 노란색 늑골 장식을 채용했으며 군모는 프랑스식 유행이 되돌아온 듯 케피와 같은 형태였다.

1904년 한반도와 만주의 권익을 둘러싸고 세력을 키워가던 러시아와 일본이 격돌한 러일 전쟁이 발발했다. 주로 메이지 19년식 감색 군복을 입고 참전한 일본군은 이듬해인 1905년에는 짙은 감색의 군복을 카키색으로 바꾸고 장교용 늑골복을 폐지한 '전시복(戰時服, 그림 11-7)'을 탄생시켰다. 기관총이 등장한 전장에서 위장색은 필수

❧ 그림 11-4: 보불 전쟁기의 프랑스
육군 중장(1871년)

❧ 그림 11-3: 메이지 8년식
육군 소장 군장(1875년)

✤ 그림 11-6: 메이지 19년식 사단기병
병졸 군장(1886년)

✤ 그림 11-5: 메이지 8년식 근위보병
일등병 정복(1875년)

❧ 그림 11-7: 노기 마레스케 대장(1907년 촬영). 다갈색 전시 복장이 눈에 띈다.

❧ 그림 11-8: 러시아군의 스테셀 중장(1900년 경의 사진). 녹색 프록코트를 착용했다.

불가결한 요소였다. 1902년 영국과 동맹을 맺은 일본은 카키색 군복에 대해서도 정보를 얻고 있었다.

한편, 러시아 육군의 군장은 크림 전쟁 시기와 비교해도 큰 변화가 없었다. 짙은 녹색의 더블 프록코트와 판형 견장, 바지는 파란색으로 장성급은 독일식의 빨간색 3줄 선을 넣었다. 뤼순 요새와 203고지를 둘러싼 공방전에서 일본의 제3군 사령관 노기 마레스케 대장과 격돌한 아나톨리 스테셀 중장(그림 11-8)의 군복도 이와 같았다.

해군의 경우에도 일본은 영국 해군의 방식을 충실히 따랐다고 한다. 러일 전쟁에서 연합 함대를 지휘한 도고 헤이하치로 대장(그림

✤ 그림 11-9: 쓰시마 해전의 도고 헤이하치로와 연합 함대 사령부(도조 쇼타로 작, 1906년)

11-9)은 영국에서 8년간 유학한 영국통이었다. 하지만 그의 군복은 블레이저에 넥타이를 착용한 영국 해군에 비하면 영국적이기보다는 오히려 육군풍에 가까웠다. 1870년 최초의 복제에서 일찍이 스탠드 칼라로 된 '약복'이 도입되어 1883년 사관 및 부사관용 정복으로 승격되었는데 같은 시기(1877년) 미 해군이 채용한 스탠드 칼라식 정복(그림 10-22)과 매우 유사하다. 시기적으로 보면, 오히려 일본의 군복이 미 해군에 영향을 미친 것일 수도 있다. 해군에서도 육군과 마찬가지로 초기에는 스탠드 칼라나 턴 오버 칼라 어느 것을 사용하든 상관없었다. 같은 해(1883년) 일본 해군 사관의 대명사와 같은 단검도 채용되었다. 일본 해군은 정복으로 연미복에 이각모를 착용하고 예

복은 프록코트를 입는 정통 영국 해군식 군장을 1945년 전쟁이 끝나기까지 유지했다.

계급을 나타내는 소매 기장도 채용했는데 예복은 금색 선, 짙은 감색의 정복에는 검은색 선으로 표시해 멀리서는 쉽게 눈에 띄지 않았다. 미 해군의 정복도 마찬가지였는데 1897년 금색 선으로 변경되자 일본 해군에서도 변경하자는 의견이 나왔다. 여기에 대해 메이지 천황이 야마모토 곤베 대장(해군 대신)에게 묻자 '검은색이라도 충분히 구별할 수 있다'고 대답했다고 한다. 하지만 제1차 세계대전 후인 1919년에는 검은색 소매 기장은 그대로 두고 칼라에 계급장을 달게 되었다. 동시기 미 해군이 스탠드 칼라 상의를 블레이저로 개정하자 일본 해군에서도 블레이저식 군장으로 바꾸면 어떻겠냐는 논의가 있었지만 도고 헤이하치로 원수가 '쓰시마 해전의 승리를 가져온 군복'이라는 말에 논의는 중단되었다.

1905년 5월 27~28일 쓰시마 해전에서 도고의 함대와 격돌한 러시아 발틱 함대의 해군 군복은 전통적인 검은색 프록코트와 세일러복이었다. 다만, 발틱 함대는 아프리카에서 인도양을 지나 동남아시아를 통해 동해로 들어왔기 때문에 사령관 지노비 로제스트벤스키 중장을 비롯한 장병들 모두 흰색 하복을 입고 있었다.

러일 전쟁 이후, 쓰시마 해전에서 패배한 로제스트벤스키는 군법회의를 거쳐 퇴역, 1909년 병사했다. 스테셀은 뤼순 항복의 책임을 물어 사형 판결을 받았으나 1909년 사면을 받고 1915년 세상을 떠났다.

제12장

제1차 세계대전
—근대전과 단조로운 색조

❀ 각국에서 채용한 단조로운 기본색

20세기 들어 제1차 세계대전(1914~1918년)이 임박하자 세계 각국의 육군에서 군복의 현대화가 이루어졌다. 특히, 기본색을 단조로운 색조로 교체하는 경향이 뚜렷해졌다.

• 영국

제9장에서 이야기했듯, 화기의 성능이 향상되면서 멀리서 저격당할 위험성이 커지자 너무 눈에 띄는 색조의 제복이 점차 문제화되었다. 특히, 빨간색 군복을 상징색으로 삼은 영국 육군에서는 일찌감치 이런 문제가 제기되었다. 1848년 인도에서 탄생한 카키색 군복은 1884년 무연 화약이 등장한 이래 호평을 받으며 보어 전쟁 시기에도 사용되고 1902년에는 영국 육군의 정식 색상으로 승격되었다. 인도나 아프리카에서는 황토색에 가까운 색을 가리켰지만 본국에서는 다갈색을 의미했다. 1913년 예복에 한해서만 빨간색 상의를 착용하고 정복

❀ 그림 12-1: 영국 육군 장교용 군복(오른쪽)과 부사관 및 병용 1902년식 군복(왼쪽).

은 카키색으로 통일했다. 제1차 세계대전이 발발한 1914년이 되면 빨간색 군복은 아예 관급품 목록에서 자취를 감추었다. 근위 사단에서 빨간색 '풀 드레스'가 부활한 것은 전후인 1920년이다.

또 1914년 개전과 동시에 영국 육군에서는 장교용 군복을 오픈 칼라형 상의에 넥타이를 착용하는 신사복 스타일로 개정해 선구적으로 채용했다. 부사관 및 병은 1902년형 턴 오버 칼라 군복을 유지했다(그림 12-1).

• 미국

미군에서도 1902년 종래의 파란색 군복을 드레스 블루라고 칭하며 올리브 드래브(갈색이 섞인 녹색)를 기본색으로 채용해 M1903 야전복에 처음 도입했다. 미국은 1917년 4월 제1차 세계대전에 참전했다. 유럽에서 전투를 벌인 존 퍼싱 대장(후에 원수, 그림 12-2)이 이끄는 육군 부대의 장병들은 스탠드 칼라형 군복을 입고 야전용으로 남북 전쟁 때 썼던 M1911 캠페인 해트(Campaign hat)를 착용했으나 이내 프랑스군의 약모(경찰모)를 모방한 배 모양의 오버시즈 캡(Overseas cap, 해외 파병용 제모)으로 교체되었다. 후의 개리슨 캡(Garrison cap)의 원형이다.

❀ 그림 12-2:
존 퍼싱 대장

❋ 그림 12-3: 독일군 장성의 금장 '라리슈 자수'

❋ 그림 12-4: 독일의 격추왕 오스발트 뵐케 대위. 표준적인 '바펜로크' 군복을 입고 있다(1916년 촬영).

• 독일

오랫동안 프러시안 블루를 사용했던 독일 제국군도 1907년 필드 그레이(녹회색)를 채용해 야전복에 도입했다. 전 군의 기본색을 공식적으로 파란색에서 녹회색으로 변경한 것은 개전 후인 1915년 9월이다. 1909년부터 바펜로크(야전복)라는 신식 군복을 채용하고 장성용 상의 칼라에는 빨간색 바탕에 금색 '라리슈 자수(Larisch stickerei, 그림 12-3)를 넣었다. 이것은 18세기 프리드리히 대왕 시대에 제정된 프로이센 제26연대의 장교들이 사용했던 자수 장식이 부활한 것이다. 이 연대는 1806년 프로이센이 나폴레옹군에 항복했을 당시 끝까지 저항했다. 당시 연대장을 맡은 요한 폰 라리슈 중장의 이름을 따라리슈 자수라고 부르게 된 것이다.

이 시기 독일군에서는 ①바펜로크(그림 12-4)와 ②창기병용의 폴란

❧ 그림 12-5: 제1차 세계대전 당시의 한스 폰 젝트 소장. 프록코트에 모노클(단안경)을 착용한 모습이 근엄해 보인다.

❧ 그림 12-6: 독일 제국군의 뷔르템베르크 왕국군 소속 에르빈 롬멜 중위. 더블 리테브카 군복을 입고 있다(1917년 촬영).

❧ 그림 12-7: 리히트호펜 기병 대위. 창기병용 '울란카' 군복을 입고 있다(1917년 촬영).

드풍 군복 울란카 그리고 나폴레옹 전쟁 이래의 전통적인 상의 ③더블 프록코트(그림 12-5)와 이 프록코트의 길이를 짧게 줄인 ④리테브카(그림 12-6)가 야전용 군복으로 폭넓게 사용되었다. 제1차 세계대전에서는 이런 스타일의 녹회색 군복을 입은 독일군 장교들을 쉽게 볼 수 있었다. 창기병 연대 출신의 격추왕 만프레트 폰 리히트호펜 대위는 출신 병과의 군복인 울란카를 착용했다(그림 12-7). 그의 군복을 보고 독일 육군 항공대 장교들이 모두 이 군복을 입었을 것이라고 오해하기 쉬운데 이것은 어디까지나 리히트호펜이 기병 출신이었기 때문이었다.

✤ 그림 12-8: 독일 친위 경기병 부대의 검은색 늑골복을 입은 아우구스트 폰 마켄젠 소령(후에 원수). 이 군복이 나치 시대 전차병의 제복과 친위대의 검은색 군복의 모델이 되었다(1880년경 촬영).

✤ 그림 12-9: 프랑스 육군의 필리프 페탱 원수. 1926년 제작된 작품으로 제1차 세계대전에 사용된 호라이즌 블루 색상의 군복을 입고 있다(마르셀 바셰 작).

　전통적인 황제 직속 친위 경기병들은 검은색 돌먼(Dolman)과 펠리스(Pelisse) 늑골복을 착용했다. 검은색 바탕에 해골 휘장이 강렬한 인상을 주는 이 병과는 프리드리히 대왕이 즉위한 직후인 1741년 8월 창설된 이래 꾸준히 같은 스타일을 유지했다(그림 12-8). 일설에 따르면, 프리드리히 대왕이 부왕의 장례에 맞춰 이 군장을 제정했다고 한다. 1909년 11월 필드 그레이 색상의 야전복이 채용된 이후로도 의장이나 열병 임무가 많은 친위 경기병은 끝까지 검은색 군장을 고수했다. 이것이 이후 나치 시대에도 큰 영향을 미치게 된다.

　여담이지만, 독일군 장교들 사이에서는 모노클(Monocle, 단안경)이

유행했다. 모노클은 19세기 후반부터 20세기 초 유럽 상류 계급에서 널리 이용되었는데, 독일 군대에서는 특히 귀족층 출신의 독일 장교들이 주로 사용했으며 제2차 세계대전 말엽까지도 애용자가 많았다고 한다.

• 오스트리아

마리아 테레지아 여제 시대부터 흰색을 기본색으로 사용해온 오스트리아군에서도 1798년 이후 회색빛을 띤 하늘색 야전복을 채용했으며 1909년부터는 파이크 그레이(Pike grey, 청회색) 색상의 스탠드칼라 야전복을 채용했다. 제모는 케피형 외에도 이른바 산악모 타입의 야전모가 보급되었다. 1915년이 되면, 독일군의 녹회색에 가까운 색상으로 바뀐 것을 알 수 있는데 이는 실용적인 요소 이외에도 원단 조달에 문제가 있었던 듯하다.

• 프랑스

프랑스 육군은 이 시기에도 감색 상의와 빨간색 바지를 고수하다 제1차 세계대전이 발발한 후인 1915년 하늘색 군복으로 개정했다(그림 12-9). 호라이즌 블루(Horizon blue, 지평선의 청색)이라고 불린 이 색상은 포연이 자욱한 프랑스 전장에서 특히, 맑게 갠 하늘 아래에서는 카키나 올리브 드래브 색보다 위장 효과가 높은 것으로 여겨졌다. 하지만 금방 더러워지는 결점 탓에 전후인 1921년 영국의 카키색에 가까운 색조로 변경했다.

❀ 그림 12-10: 소련 적군 초기의 부데노프카 군모와 김나스토르카 군복. 1926년경 촬영 (Bundesarchiv, Bild 102-00635 CC-BY-SA 3.0).

• 러시아

러시아 제국의 육군은 스탠드 칼라형 M1907 튜닉 군복부터, 표트르 대제 때부터 사용해온 녹색을 올리브가 섞인 카키 그린 색으로 변경하고, 야전복으로는 민족의상과 작업복을 참고한 M1911 김나스토르카(Gimnasterka)와 M1917 루바시카(Rubashka) 군복을 도입했다. 파란색 바지에 장성용은 독일식의 빨간색 3줄 선이 들어간다. 개전 후에는 프랑스군이나 영국군의 군복을 모방한 턴 오버 칼라형 군복이 대량 조달되어 영국풍이라는 의미로 영국군 총사령관 존 프렌치 원수의 이름을 따 '프렌치 군복'이라고 불렀다.

러시아 혁명이 발발하면서 러시아 제국이 붕괴하고 제국군도 해산되었다. 1918년 발족한 소비에트 연방의 적군(赤軍, 붉은 군대)은 M1919 김나스토르카 군복과 부데노프카 군모(Budenovka, 적군의 기병 지휘관 세몬 부돈니 원수의 이름을 딴 원뿔형 제모)에 영국의 군복 색상에 가까운 다갈색 계통의 카키색을 채용해 이후 소련군의 새로운 전통으로 정착했다(그림 12-10).

● 일본

　러일 전쟁 중인 1905년 일본 육군이 채용한 카키
색(일본에서는 황토색이라기보다는 다갈색)의 전시
복. 그 개량형으로 제정된 것이 메이지 45
년식(1912년) 통칭 '45식' 군복이다. 이 군
복은 스탠드 칼라형으로 옷깃에 투구뿔
모양의 금장과 어깨에는 미군식 세로형
계급장을 달았다. 군모는 각자 자비로 주
문하는 방식이었기 때문에 자유롭게 선택
할 수 있었는데 멋을 중시하는 장교들 사
이에서는 쇼와 무렵부터 '체코식'으로 불린
외국군풍의 모자의 산 부분이 큰 스타일이
유행했다.

　육상자위대 수품학교(일본 치바현 마쓰도시)에는
야스히토 친왕이 입었던 45식 어군복(그림 12-11)
이 현존한다. 안감에 수놓아진 PA라는 자수는 프
린스 아쓰노미야(아명)를 뜻한다. 야스히토 친왕이
육군 중앙유년학교(후의 육군 사관학교 예과) 시절 입
었던 군복이다.

　사관후보생으로 연대에 들어가기 전까지는 계급
이 없기 때문에 칼라에 병과장이 달려있지 않으며
견장에도 별 배지가 없다. 고급 장교복임에도 좌
우 양쪽 옷자락이 모두 트인 무사관 및 병용 사양

✲그림 12-11:
야스히토 친왕의
45식 어군복

으로 되어 있다. 일본 육군의 장교복은 왼쪽 옷자락만 트여 있어 군도를 차지 않을 때는 단추로 여밀 수 있게 되어 있다. 오른쪽 도 트임 처리가 되어 있지만 실제로 는 열리지 않는다. 아무리 친왕이 라 해도 장교로 임관하기 전이었 기 때문에 양쪽이 모두 트인 병대 용 군복을 착용한 것이다.

이후 45식 군복에서 빨간색 장 식 선을 없애고 등 부분의 봉재 방식도 간략화한 '쇼와 5년식(1930 년)' 군복(그림 12-12)이 등장했다. 1936년 2·26사건 당시의 군복으로 도 유명하다. 1934년부터는 일본도 형태의 군도를 채용해, 일본군 장교의 상징이 되었다.

✤ 그림 12-12: 쇼와 5년식 군복

❀ 대영제국발 '군복 유행'의 이모저모

19세기 중반부터 20세기 초, 세계 최강의 패권국은 대영제국이었다. 제1

차 세계대전부터 제2차 세계대전 시기에 영국 육군이 전 세계에 유행시킨 세 가지 아이템이 있다.

첫 번째는 승마 바지와 승마 부츠의 조합으로 장교용 군장으로 세계 각국에 퍼졌다. 허벅지 부분이 옆으로 퍼진 승마 바지(Jodhpurs breeches)는 본래 인도 라자스탄 주 조드프루(Jodhpur) 지방의 민족의상 추리다르(Churidar)가 원형으로, 폴로 경기 선수들이 입는 유니폼 (그림 12-13)이었다.

1897년 빅토리아 여왕의 재위 60주년 식전이 개최되었을 때 영국에 초대받은 그 지방의 마하라자(토후) 프라타프 싱 경이 자신이 이끄는 폴로 팀을 데려왔다. 그들이 입고 있던 바지와 부츠가 큰 호평을 받으면서 이내 영국 육군 장교들이 제복에 도입했다. 그로부터 10년 남짓한 기간 동안 승마 바지와 부츠의 조합은 세계 각국에서 장교용 복장으로 정착했으며 제1차~제2차 세계대전 시기에는 대부분의 국가에서 군장으로 채용했다. 일본 육군에서도 다이쇼 시대에 '단코(短袴)'라는 이름의 승마 바지를 채용했다. 승마가 허락되지 않은 보병과 등의

✤ 그림 12-13: 인도의 폴로 경기 선수

✤ 그림 12-14: 사무엘 제임스 브라운 대장. 1858년 왼쪽 팔을 잃고 샘 브라운 벨트를 고안했다.

하급 장교도 말을 타고 고급 장교를 수행하는 부관 임무를 맡게 되면 마장(馬裝) 수당을 받아 장화와 단코를 주문하는 것이 통례였으며 쇼와 시대가 되면 병과에 관계없이 처음부터 승마 스타일을 갖추는 것이 상식이 되었다.

두 번째는 어깨에 두르는 샘 브라운 벨트(그림 13-4)이다. 인도에 주둔한 영국군에서 기병 지휘관으로 활약한 사무엘 제임스 브라운 대장(1824~1901년, 그림 12-14)이 처음 사용했다. 브라운 대위(당시)는 1858년 전장에서 왼팔을 잃은 후 무거운 군도를 허리에 차는 것이 힘들어지면서 어깨에 보조 벨트를 착용하게 되었다. 그 벨트를 인상 깊게 본 사람들이 따라 하기 시작하면서 영국 본국에서까지 인기를 끌었다. 20세기 초 정식 장비품으로 인정된 이후 장교 전용 아이템으로 전 세계로 퍼졌다.

이처럼 20세기 초반의 각국 장교들은 부풀린 승마 바지에 부츠를 신고 어깨에는 샘 브라운 벨트를 착용하는 군장을 선호했다. 일본군에서는 샘 브라운 벨트는 허가하지 않았지만 단코와 부츠는 패전 때까지 장교의 기본적인 군장이었다. 악명 높은 나치 친위대의 검은색 군장도 영국에서 유행한 승마 바지와 샘 브라운 벨트를 채용한 것이다.

세 번째는 오늘날 일반 신사복으로 널리 정착한 '트렌치코트'(그림 12-15)이다. 개전을 앞둔 1914년 영국 육군은 장교들이 선택적으로 구입하는 방수 코트를 민간 기업인 버버리와 아큐아스큐텀사에서 조달하기로 했다.

이전에도 벨트를 이용해 옷섶을 여미는 방식의 타이록켄(tielocken) 코트가 있었지만 유럽 전장의 추위를 막으려면 단추가 많고 밀폐도가 높은 코트가 필요했다. 그렇게 탄생한 초기 코트에는 견장이 달려 있지 않았다. 디자인적으로는 크림 전쟁 때 래글런 남작이 고안한 래글런 소매를 채용했다. 1915년 이후, 쌍안경이나 지도 케이스 등을 고정하는 견장을 달게 되면서 전장의 참호(trench)에서 착용하는 코트라는 의미에서 트렌치코트라고 불리게 되었다. 1917년에는 이 견장에 장교의 계급장을 달게 되었다. 이전까지는 소매에 달던 것을 실용성을 고려해 어깨에 달 수 있게 한 것이다. 또 이때부터 장교뿐 아니라 일반 병사에게도 이 코트를 지급하게 되면서 트렌치코트라는 이름이 군의 공식적인 명칭으로 채용되었다.

제1차 세계대전 이후에는 일반에까지 보급되어 영화 〈카사블랑카〉의 험프리 보가트가 입으면서 더욱 유명해졌다. 제2차 세계대전 이후에는 민간용 코트로 정착해 군의 제식품에서 제외되었다. 더 높은 성능의 방수, 방한 의복이 탄생했기 때문이다. 민간용 코트로 정착한 후에도 견장과 수류탄 등을 부착하기 위한 벨트인 D링, 사격 시 총대를 받치는 용도인 건 플랩 등과 같은 군복의 디테일은 여전히 남아 있다.

영국은 1918년 4월 세계에서 가장 먼저 공군의 독립을 이룬 나라이기도 하다. 이듬해인 1919년 여름 무렵에는 공군 최초의 독자적인 제복이 등장했다. 블루 그레이(청회색) 색상의 신사복형 군복으로, 계급장은 해군식 수장(袖章)을 채용했다. 이후, 영국 해군의 군복이 전 세계 해군의 표준이 된 것처럼 영국 공군의 군복도 각국 공군의 표준이 되어 하늘색 신사복형 군복이 널리 정착했다.

제1차 세계대전 시기에 또 한 가지 중요한 변화가 있었다. 바로 헬멧의 보급이다. 갑옷이 폐지된 17세기 후반부터 병사들은 삼각모나 이각모 혹은 샤코나 차양이 달린 제모 등을 써왔지만 이런 것들은 모두 비바람이나 햇빛을 피하는 용도일 뿐 머리를 보호하는 기능은 전혀 고려되지 않았다. 1842년 프로이센군이 채용한 피켈하우베도 당시로서는 획기적이라고 할 수 있었지만 외관의 중후함에 반해 소재는 가죽이나 두꺼운 종이를 사용해 경량화를 중시한 것이었다. 독일군은 20세기에도 피켈하우베를 계속 사용했지만 제1차 세계대전의 격렬한 포격과 폭격의 파편으로부터 머리를 보호해주지는 못했다. 이때 등장한 것이 철모(Steel Helmet)였다.

✤ 그림 12-16: 영국 육군의
M1915 헬멧 마크 I

✤ 그림 12-15: 트렌치코트

영국군이 세숫대야처럼 생긴 M1915 헬멧 마크 I (개발자의 이름을 따서 통칭 브로디 헬멧이라고 부른다, 그림 12-16)을 처음 채용하자 이내 프랑스군도 중기병용 투구를 변형한 볏 모양 장식이 달린 아드리안 헬멧을 도입했으며 독일군도 굉장히 현대적인 디자인의 M1916 헬멧을 채용하면서 이후 전장에서는 철모의 착용이 상식화되었다.

참고로, 이 전쟁 때부터 손목시계가 보급되었다. 격렬한 전장에서 우아하게 호주머니에서 회중시계를 꺼내 시간을 확인할 여유가 사라졌기 때문이다.

제13장
제2차 세계대전
─위장복과 전투복의 등장

❋ 그림 13-1: 라이히스베어(바이마르 공화국군)의 젝트 상급 대장과 장병들. 병사들의 칼라에 달린 리첸에 주목. 매듭 장식으로 된 장교용 제모 끈은 아직 채용되지 않았다(1926년 촬영).

❋ 나치의 '검은색 군복'과 위장색

1914년 6월 28일 오스트리아의 프란츠 페르디난트 대공 부부가 사라예보에서 암살당했을 때 이 일이 세계대전으로 이어질 것이라고 정확히 예상한 사람은 많지 않았을 것이다. 하지만 오스트리아가 세르비아에 선전포고를 하면서 유럽 각국의 동맹 관계와 군대의 즉시 동원 체제가 잇따라 발동해 세계 50개국 이상이 참전한 제1차 세계 대전으로 발전하고 말았다.

그 결과 독일 제국, 러시아 제국, 오스트리아 제국, 오스만 제국 등이 멸망하고 나폴레옹 전쟁 이후 굳어진 19세기적 봉건 질서가 붕괴하면서 1918년 전쟁이 막을 내렸다.

패전 후 독일에서는 제국군이 해체되고 바이마르 공화국군(라이히

✤ 그림 13-2: 독일 제국의 카를 폰 플레 텐베르크 대장. 황제의 부관으로 오른쪽 어깨에 견식을 착용했으며 막료장 겸 근위군단 사령관으로 칼라에 막료용 리첸을 부착했다.

✤ 그림 13-3: 독일 육군의 발터 폰 라이헤나우 소장. 1933년의 사진에는 나치의 독수리장이 없다. 장성용 '라리슈 자수' 금장, 오른쪽 눈의 모노클에도 주목(Bundesarchiv, Bild 183-W0408-503 CC-BY-SA 3.0).

스베어)이 탄생했다. 총지휘를 맡은 한스 폰 젝트 대장(그림 13-1)은 승전국 측의 엄격한 제약 하에서 군비 강화와 사기 고양에 힘썼다. 신생 육군의 군복은 제정 시대에 보급된 틴 오버 칼라형 바펜로크를 정복으로 채용하고 장성용 라리슈 자수와 바지의 3줄 선은 그대로 유지했다. 1919년에는 사관 이하 전 장병의 칼라에 제정 시대에는 근위병만 사용할 수 있었던 리첸(Litzen, 그림 13-2)을 달았다. 1921년 병과색이 도입되어 제모의 테두리나 금장에 적용되었다. 1927년에는 장교급 이상의 제모에 매듭 끈 장식인 뮈첸코르델(mützenkordel)을 채용해 전체적으로 화려해졌다. 제정 시대의 철십자 훈장과 같은 훈

✤ 그림 13-4: 독일 육군의(왼쪽부터) 룬트슈테트 대장, 프리츠 대장, 블롬베르크 상급 대장. 1934년의 사진에는 제모와 오른쪽 가슴에 나치의 독수리장을 달고 있다.

장류는 법적 근거를 잃었지만 착용 자체는 용인되었기 때문에 젝트 대장은 물론 공화국 대통령이 된 파울 폰 힌덴부르크 원수도 자랑스럽게 훈장을 달았다고 한다. 힌덴부르크의 군복 왼쪽 가슴에는 블뤼허 원수 이래 역사상 두 번째 최고위 철십자 훈장인 대십자장의 성장이 빛나고 있었다.

1933년 아돌프 히틀러의 나치당이 정권을 잡자 이내 제모의 바이마르 국장(國章)은 떡갈나무 잎을 두른 빨간색·흰색·검은색 원형장의 제국장으로 변경되었다(그림 13-3). 1934년 2월 17일부터는 육해군 제모의 상부와 제복 오른쪽 가슴에 나치당의 상징인 '하켄크로이츠를 움켜쥔 독수리' 휘장을 달았다(그림 13-4). 독수리 휘장은 고대 로마 이래 '제국'의 상징으로 나폴레옹 시대의 프랑스 제국에서도 사용되었다. 히틀러는 자신의 나치 제국을 신성 로마 제국, 독일 제국을 잇는 '제3제국'으로 규정하고 군인들에게도 그 상징인 독수리장을 달고 충성을 맹세하도록 했다.

제정 시대에는 제모 상부에 제국을 나타내는 원형장, 하부에는 각 연방 국가의 원형장을 부착했다. 공화국 시대의 제모에는 상부에 각 주를 나타내는 원형장을 부착했는데 여기에 독수리장을 달아 제3제국이 지방 자치를 용인하지 않는다는 것을 명시했다.

1934년 육군에서 새로운 제복이 제정되었다. 장갑과의 전차병 특별 피복(그림 13-5)이다. 검은색 더블형에 속단추를 배치한 짧은 상의로 칼라에는 해골 휘장을 달았는데 프리드리히 대왕 이래의 엘리트 부대 친위 경기병의 이미지를 계승하려고 한 것이다. 한편 '군복'은 아니지만 나치가 정권을 잡기 직전인 1932년 7월 히틀러 개인에 대해 절대적 충성을 맹세한 나치 친위대

❖ 그림 13-5: 독일 육군의 전차병 특별 피복

의 제복(그림 13-6)으로 오픈 칼라형 검은색 근무복이 제정되었다. 이 제복 역시 검은색 바탕에 은색 장식과 계급장 그리고 해골 휘장을 부착한 제모를 착용해 프로이센 이래 친위 경기병의 제복을 의도적으로 모방한 것이었다. 간혹 친위대와 전차병의 '검은색 제복'을 혼

✤ 그림 13-6: 나치 친위대의 검은색 근무복(오른쪽)과 회색 근무복.

동하는 경우가 있는데 원형이 같다보니 시각적으로 비슷해 보이는 것일 뿐 완전히 다른 제복이다. 1938년 3월 친위대가 회색 근무복을 채용한 이후 검은색 제복을 착용하는 일은 줄어들었다.

1935년 3월 공화국군은 국방군(베어마흐트)으로 명칭을 변경했으며 독일항공 스포츠협회는 독일 공군이 되었다. 공군의 제복은 청회색 오픈 칼라형 상의에 넥타이를 착용하는 신사복형(그림 13-7)이었다. 총사령관 헤르만 괴링 원수의 의견에 따라 육군의 색을 불식한 신선한 이미지를 노렸다.

이듬해 독일군의 군복으로 가장 유명한 M1936(그림 1-3)이 제정되었다. 종래의 군복의 연장선상에서 단추의 개수는 원칙적으로 5개(장교의 경우 6개 이상도 흔히 볼 수 있었다)로 규정한 전통과 현대성이 적절히 어우러진 군복이다. 이후 전시의 간이형 군복이 다수 등장했지만 M36은 종전까지 독일 육군의 표준적인 군복으로 사용되었다.

같은 해 친위대 중에서도 강력한 무력을 자랑하는 무장 친위대에서 세계 최초의 위장복(그림 13-8)이 등장했다. 이전에도 시험 삼아 사용된 예는 있었지만 전용 위장복으로 제식화된 최초의 사례이다. '탄자커(Tarnjacke)'라고 불린 이 위장복은 전투 시 정복 위에 걸치는 덧옷이었다.

✤ 그림 13-7: 독일 공군의 정복.

❧ 영국에서 탄생한 전투복의 원조

1937년 영국에서 세계 최초의 전투복 배틀 드레스가 채용되었다. 지금까지는 프리드리히 대왕 시대인 18세기부터 어느 나라나 원칙적으로 동일한 디자인의 군복을 예복과 정복 그리고 약복과 야전복 등으로 구분해 입었다. 하지만 점점 격렬해지는 현대전의 양상을 예상한 영국 육군은 전투 전용 실용복을 고안했다. 영국 육군의 정복은 제1차 세계대전 시대부터 거의 변화가 없다가 개전 후에는 대부분 이 신형 전투복을 착용하게 되었다.

1939년 9월 1일 독일군이 폴란드를 침공하면서 제2차 세계대전이 발발했다. 독일의 장갑 사단에 맞선 폴란드 기병 연대의 장병들은 카키 그린 색상의 M1936 군복을 착용했다(그림 13-9). 머리에 쓴 로가티프카(Rogatywka) 군모는 18세기 울란 부대의 차프카를 계승한 사각모 형태였으며 옷깃의 물결 문양 장식도 울란의 전통이었다. 러시아 혁명으로 약 120년 만에 독립을 되찾은 폴란드는 독일군에게 항복하면서 전후 오랫동안 소련의 실질적인 지배하에 들어가게 된다.

이듬해 독일군과 맞붙은 프랑스군은 군복의 색상이 하늘색에서 카키색으로 변경되고 늑골복도 정복에서 예복으로 바뀌었지만 제1차 세계대전 당시와 크게 다르지 않은 군장이었다. M1939 군복은 종

❧ 그림 13-8: 나치 친위대의 위장복.

❖ 그림 13-9: 폴란드 육군 구스타프 트루스콜라스키 준장. 전전의 사진이지만 제2차 세계대전 당시에도 이런 군복을 착용했다. 울란의 전통을 계승한 사각형 군모와 물결 모양의 장식에 주목.

❖ 그림 13-10: 마라케시를 방문한 자유 프랑스군의 드골 소장(오른쪽)과 처칠 영국 수상. 처칠은 영국 공군의 청회색 군복을 착용했다(1944년 1월).

래의 턴 오버 칼라에서 오픈 칼라형 재킷에 넥타이를 착용하는 스타일로 바뀌었지만 어깨에는 프랑스의 전통적인 견장을 달기 위한 세로형 탭을 달고 나폴레옹 시대의 형식을 계승한 원통형 케피 군모를 착용하는 등 전통을 고수하려는 정신이 농후했다. 프랑스의 항복 이후, 영국에서 자유 프랑스군을 조직한 샤를 드골 소장(그림 13-10)의 케피 군모가 강렬한 인상을 주면서 전후 프랑스의 원통형 군모는 드골 군모라고 불리게 되었다.

1941년 6월 22일 독일군이 소련을 침공하면서 독소 전쟁이 시작되었다. 소련군은 제1차 세계대전 중 보급된 영국풍의 턴 오버 칼라형 프렌치 군복을 표준 군장으로 착용했으며 M1935 군복부터 칼라

✤ 그림 13-11: M1943 키텔 튜닉을 착용한 이반 코네프 원수.

에 계급장을 부착하게 되었다. M1940부터는 호주머니의 형태가 변경되었다. 야전복으로는 M1935 루바시카를 착용했다. 초반에 독일군이 연승을 거듭하자 사기 저하를 우려한 이오시프 스탈린은 제정 시대의 군복을 의식한 스탠드 칼라형 M1943 키텔 튜닉(그림 13-11)과 M1943 루바시카 야전복을 채용했다. 어깨에는 전통적인 판형 견장을 부착해 종래의 혁명 정신 대신 전통 회귀와 조국에 대한 애국심을 강조했다.

✤ 미군에서 잇따라 탄생한 전투복

유럽에서 독일군이 쾌조를 이어가던 무렵, 아직 평화를 유지하던 미군에서 M41 필드 재킷이 탄생했다. 제3군단 관구 사령관 J. K. 파슨스 소장이 개발을 추진한 피복이라 파슨스 재킷이라는 통칭으로 불리었다. 미군의 독자적인 블루종형 야전복의 원형이다. 미 육군의 정복은 제1차 세계대전 시기의 스탠드 칼라형에서 1930년 오픈 칼라형에 넥타이를 착용하는 방식으로 전환된 이외에 큰 변화는 없었지만 이때 비로소 신시대 전쟁에 적합한 제복을 모색하기 시작한

것이다. 이후, 실전 훈련을 바탕으로 전시 미군 전투복의 결정판인
M43 필드 재킷, 전차병용 탱커스 재킷, 공수부대용 파라슈트 재킷
등이 채용되었다.

한편, 파일럿용 피복도 이 시대에 잇따라 등장
했다. 1927년 미 육군 항공대가 채용한 A-1
재킷과 이를 개량해 1931년 제식화한 A-2
재킷(그림 13-12), 해군용 G-1 재킷 등의
가죽 소재의 플라이트 재킷은 현재도
블루종 의류의 결정판으로 사랑받고
있다. A-2는 19세기 말 미국에서 고
안된 지퍼를 본격적으로 사용한 세계
최초의 양산 피복으로 알려져 있다.

1941년 12월 8일, 일본 해군의 진주만 공
격으로 더운 기후인 태평양 전역에 적합한
피복이 개발되었는데 실제 가장 널리 보급
된 것은 M42 HBT(헤링본 트윌) 작업복으로
육군과 해병대 병사들이 다수 착용했다.

미군과 전투를 벌인 일본 육군의 군복은
장기화되고 있던 중일 전쟁의 경험을 반
영해 1930년 제정된 쇼와 5년식 군복에
서 1938년의 턴 오버 칼라형 98식 군복으
로 변경되었으며 계급장은 금장으로 나
타내게 되었다. 원단 색상도 더 어두운 청

✤ 그림 13-12: A-2 플라이
트 재킷

색을 띤 다갈색으로 바뀌었다. 전쟁 중인 1943년에는 개량형으로 칼라와 계급장을 더 크게 만들고 장교의 소매에 계급을 나타내는 선을 추가한 3식 군복으로 바뀌었다. 이 군복은 개인 차원에서 다양한 궁리를 한 사례도 발견되는데 육상자위대 수품학교에 현존하는 지나 파견군 총사령관 오카무라 야스지 대장의 3식 군복(그림 13-13)은 안감에 누비 처리를 해 방한성을 높였다.

일본 해군의 군복은 감색 1종 군장, 흰색 2종 군장으로 다이쇼 시대 이후 큰 변화는 없었지만 전쟁 말기인 1944년 녹회색 바탕의 오픈 칼라형 상의에 넥타이를 착용하는 3종 군복이 제정되어 패전 때까지 널리 사용되었다.

❀ 그림 13-13: 3식 군복을 입은 오카무라 야스지 대장.

❋ **최후의 '카리스마'들**

제2차 세계대전을 경계로 전쟁은 획일화와 몰개성화가 진행되었다고 한다. 무기의 성능 향상으로 전쟁이 변질되면서 프리드리히 대왕이나 나폴레옹처럼 강력한 카리스마를 지닌 인물

들이 전투 방식이나 외양 등으로 개성을 다투던
시대와 달라진 것이다.

그럼에도 아직 이 시대에는 개인의 재능이
나 외양 면에서도 눈에 띄는 자기주장이 강
한 지휘관들이 있었다. 예컨대, 독일군의
명장 에르빈 롬멜 원수(그림 13-14)는 제2차
세계 대전 시대에 제정된 기사 철십자 훈장
뿐 아니라 제1차 세계 대전 때 받은 영웅의
증표 푸르 르 메리트 훈장을 반드시 착용했
다고 한다. 아프리카 전선에서는 영국군에
게서 노획한 마크II형 고글을 군모에 얹었
다. 기온이 크게 떨어지는 사막 지대에서
는 가죽 소재의 코트와 영국풍 체크 머플
러를 애용했다. 원수로 승진한 후 늘 손에
들었던 약식 원수봉까지 더해져 이른바 '롬
멜 패션'이 그의 개성을 드러냈다.

✤ 그림 13-14: 에르빈
롬멜 원수.

롬멜의 라이벌로 알려진 영국 육군의 버나
드 몽고메리 원수는 전차병용 베레모가 트레
이드 마크였다. 또 해군에서 널리 착용했으나 육군에서는 보기 힘들
었던 더플코트를 애용했다. 일설에 따르면, 1940년 6월 덩케르크 해
안에서 퇴각할 때 지역 시민으로부터 받은 것이 그런 종류의 코트였
다고 한다. 그 후로 더플코트는 '몬티 코트'라고도 불리었으며 전후
민간에서 이 이름으로 판매되었다.

✤ 그림 13-15: 아이크 재킷을 입은 아이젠하워 원수.

1944년 6월 6일, 노르망디 상륙 작전의 지휘를 맡아 유명해진 미국의 드와이트 아이젠하워 원수(그림 13-15)는 영국 육군의 배틀 드레스를 인상 깊게 보고 미군에도 이런 종류의 길이가 짧은 군복을 채용하자고 제안했다. 그렇게 탄생한 것이 M1944 재킷이다. 본인도 즐겨 입었기 때문에 '아이크 재킷'이라는 이름이 붙었다. 맹장 조지 S. 패튼 대장도 M44를 즐겨 입었다. 여기에 승마 바지와 승마 부츠를 착용하고 허리에는 상아 손잡이가 달린 권총 2정을 장착한 모습이 신문과 잡지에 실리면서 유명해졌다. 이 권총은 언론 노출을 노린 연출로 평소에는 소지하지 않았다는 말도 있다.

태평양 전쟁 이전에 이미 현역을 떠나 필리핀군의 원수로 이적했

던 더글러스 맥아더 대장은 미 육군에 복귀
한 후에도 필리핀군 원수 제모에 미군의
국가 휘장을 달아서 착용했다. 그는
이미지를 매우 중요하게 생각한 인
물로 제1차 세계 대전 당시에도 터
틀넥 스웨터에, 철사를 넣어 형태를
변형시킨 제모를 비스듬히 쓰고, 채
찍을 손에 든 댄디한 스타일로 지휘
를 해 유명세를 탔다. 미 육군에서
도 원수로 승진해 종전 후 연합군
최고 사령관으로 일본으로 건너
간 후에는 상대가 천황이든 대신
이든 필리핀군의 원수모에 노타
이셔츠와 치노 팬츠 그리고 레
이밴사의 파일럿용 선글라스를 끼고 콘
콥 파이프를 손에 든 가벼운 차림을 고수했다.

❈ 그림 13-16: 헤르만
괴링 국가 원수.

또 한 사람, 제2차 세계대전에서 어찌 보면 가
장 화려한 군장을 착용한 인물은 독일의 헤르만 괴링 국가 원수(그림
13-16)일 것이다. 프랑스가 항복한 후, 공군 원수에서 독일군의 유일
한 '국가 원수'로 승격된 그는 공군의 파란색 군복 대신 흰색과 회색
을 사용한 특별 '제복'을 주문했다. 제복이라고는 해도 단 한 명뿐인
국가 원수인 그가 입는 것이다 보니 규정 같은 것이 있을 리 없었다.
공군에서 주로 입었던 플리거블루제(Fliegerbluse, 항공 재킷)를 기본

디자인으로 공군의 계급장을 바탕으로 한 금색 장식과 전용 국가 원수봉 여기에 히틀러에게 받은 대십자 철십자 훈장—제2차 세계대전의 수훈자는 그가 유일하다—을 착용하고 득의만면해 걷는 모습이 독일의 신문, 잡지, 뉴스 영화에 등장했다.

　이 개성적인 인물들은 그 후의 행보도 저마다 개성적이다. 잘 알려진 사실이지만, 롬멜은 히틀러 암살 계획에 대한 관여 의혹으로 자살을 강요당했다. 전후, 몽고메리는 참모 총장이 되었으며 자작의 작위를 받아 영국 귀족의 반열에 올랐다. 아이젠하워는 참모 총장을 거쳐 훗날 미합중국의 대통령이 되었으며 세상을 떠난 후에는 아이크 재킷 차림으로 입관했다고 한다. 패튼은 전쟁이 끝난 1945년 12월에 교통사고로 허망하게 세상을 떠났다. 맥아더는 1948년 대통령 선거에서 공화당 후보 지명 선거에 출마해 참패했다. 그 후, 연합군 최고 사령관으로 한국 전쟁에 참전했으나 트루먼 대통령에 의해 해임된 후 은퇴해 1952년 대통령 선거에서도 패배해 과거의 부관 아이젠하워가 대통령이 되는 것을 지켜보아야 했다. 그는 도쿄 올림픽 개막을 반 년 앞둔 1964년 4월 세상을 떠났다. 괴링은 패전 직전 히틀러의 분노를 사 모든 지위와 관직을 박탈당했지만 히틀러가 스스로 목숨을 끊자 도망쳐 미군에 투항했다. 괴링은 뉘른베르크 재판에서 사형 판결을 받고 몰래 입수한 청산가리를 먹고 스스로 목숨을 끊었다.

제14장

냉전 시대 ~
현대의 군복

─국제 관계와
미래의 전망

❦ 전쟁과 함께 진화한 미군의 전투복

미국과 소련 양대 강국에 의한 냉전 시대에는 당연히 양국의 영향이 매우 컸기 때문에 동서 양쪽 진영 모두 동맹 관계인 국가들의 복장과 장비가 비슷해졌다. 한국 전쟁(1950~1953년), 베트남 전쟁(1954~1975년)으로 대립이 격화되면서 그 경향은 더욱 강해졌다. 하지만 냉전이 끝난 1989년 이후 소련의 붕괴로 공산권이 해체되고 동유럽을 중심으로 군장이 크게 변화한 나라도 있다. 걸프 전쟁(1991년) 이후 2001년 9월 11일 미국에 대한 동시 다발적 테러로 대테러 전쟁 및 대게릴라 전쟁 이른바 비정규전이 주류가 되면서 무인 병기의 활용도 늘어난 오늘날 전쟁의 양상도 크게 변화했다.

제2차 세계대전 이후의 군장은 근무복으로 오픈 칼라형 군복을 착용하고 전투복으로는 블루종 계통의 야전복을 입는 미군식이 세계의 주류가 되었다. 오늘날 전쟁과 직결된 군장의 변화는 전투복에서 가장 잘 나타난다. 또한 미군이 전 세계에 퍼트린 간편한 복장 스타일이 민간의 패션에 크게 영향을 미치며 1950년대 이후의 캐주얼화를 추진했다고도 할 수 있다. 대규모 전쟁에 참가한 많은 시민들이 사회로 돌아온 후 군대에서 입은 캐주얼한 복장을 즐기게 되는 것이다.

한국 전쟁 중인 1951년 M43을 개량한 신형 전투복 M51(그림 14-1)이 채용되었다. M43 군복에 단추 대신 지퍼를 단 것이다. 또 같은 1951년에 채용된 M51이라고 불리는 후드 코트가 있다. 한반도의 겨울 추위를 막는 데 효과적인 의복으로 미군이 처음 채용한 파카이다. 파카란 본래 극지방에 사는 민족들이 입는 방한 의복으로, 그때까지는 일반에 잘 알려지지 않았는데 이 M51 파카로 유명해졌다.

❖ 그림 14-1: M51 재킷

❖ 그림 14-2: M65 재킷

1960년대 초 영국에서는 모던 재즈(줄여서 모즈)와 록 음악이 유행하면서 당시의 청년들 사이에 모즈 문화가 탄생했다. 뮤지션들이 미군에서 유래된 M51 파카를 즐겨 입으면서 패션계에서는 '모즈 코트'라는 별명을 얻었다.

베트남 전쟁 시기에는 종래의 전투용 재킷의 장점을 망라한 M65 재킷(그림 14-2)이 탄생했다. 칼라가 헬멧이나 장비품에 방해가 되지 않는 형태로 개선되었다. 영화 〈택시 드라이버〉에서 로버트 드니로가 입고 나와 주목을 받은 후 대중적인 인기를 끌며 지금은 대표적인 캐주얼 의류로 정착했다.

세계대전 당시 독일군에서 등장한 위장 무늬는 베트남 전쟁 때부터 미군의 밀림용 전투복 정글 퍼티그로 널리 사용되면서 보급되었다. 1980년내 무렵부터는 일반 패션에도 도입되었다.

미 해군의 파일럿용 재킷 G-1은 오랫동안 인기를 누린 제품으로 1980년대에는 영화 〈탑건〉의 톰 크루즈가 착용해 플라이트 재킷 붐이 일기도 했다. 가죽 소재의 G-1은 꽤 고가였기 때문에 실제 일

✤ 그림 14-3: MA-1 항공 재킷

반에 널리 보급된 것은 극중에서 톰 크루즈가 공중 전투 장면 등에서 입었던 보급형 나일론 재킷인 MA-1(그림 14-3)이었다. MA-1은 모디파이(Modify) 즉, A-1의 수정판이라는 의미이다. 1977년부터 미국의 육해공군 및 해병대 파일럿들은 난연 소재를 사용한 CWU(Cold Weather Uniform) 통칭 MA-2를 항공 피복으로 사용했다.

1981년 미군은 신시대의 전투복으로 배틀 드레스 유니폼(BDU, Battle Dress Uniform)을 채용했다. 다양화된 전장의 지세에 대응하고 본격적인 위장 효과를 고려해 개량한 것으로 우드랜드 패턴과 걸프 전쟁 당시에는 사막 패턴이 사용되었다.

2005년 봄부터는 전투복으로 아미 컴뱃 유니폼(ACU, Army Combat Uniform)이 지급되었다. 코듀라 나일론을 사용한 보디 아머, 탈부착이 간편한 벨크로 소재의 계급장과 휘장, 노멕스 소재 장갑, 암시 장치로 식별이 어려워 전투 시 큰 효과를 발휘하는 새로운 패턴의 디지털 위장 등을 사용한다.

❀ 국제 관계와 역사를 반영한 정복

제2차 세계대전 때까지는 정복이 곧 전투복이
었기 때문에 각국에서 단조로운 색채를 채용
했지만 지금은 전투용 피복이 따로 있기 때
문에 정복도 준 예복과 같은 급으로 '격상'
되고 있는 추세이다. 일부러 눈에 잘 띄지
않는 수수한 색상을 사용할 이유가 사라지
면서 오히려 '화려한 군복의 시대'로 회귀해
도 좋을 법한 상황으로 변화하고 있다. 그런
이유로 오늘날 정복은 전쟁 자체보다 정치적
교섭이나 국제 관계 또는 국내 사정이 짙게 반
영되는 경향이 나타난다. 특히, 육군의 정복에
서 그런 경향이 현저하다. 거의 대부분의 국가
에서 영국식의 감색 혹은 검은색 블레이저와 세
일러복을 채용한 해군과 마찬가지로 하늘색 계
통의 신사복형 제복을 채용한 공군에 비해 육
군의 군복은 시대적 배경이나 국가관 및 전통을
가장 반영하기 쉽다.

❀ 그림 14-4: 아미
서비스 유니폼

미 육군은 1902년부터 반세기 이상 사용한 올리
브 드래브 색상의 정복을 개정하고 1954년 녹색의
그린 서비스 유니폼(GSU, Green Service Uniform)을 채용했다. 이후
냉전 시대를 포함해 60년 이상 사용하다 2007년 감색의 아미 서비스
유니폼(ASU, Army Service Uniform, 그림 14-4)을 제식화했다. 드레스

블루(예복)에 극히 한정적으로만 사용해온 것을 18세기 말 초대 사령관 워싱턴 시대의 '파란색 바탕에 노란색 군복'으로 원점 회귀한 군복으로, 장교의 계급장도 19세기에 사용된 세로형으로 돌아갔다.

그러자 그때까지 미군의 색상으로 유행했던 녹색 정복은 2020년 무렵에는 세계적으로 대폭 감소했다. 캐나다, 인도 등 미국의 색조에 맞추듯 어두운 색상으로 변경하는 나라도 늘었다. 한편, 유럽은 디자인적으로는 프랑스, 독일, 폴란드, 스웨덴 등의 전통적인 국가들이 독자적인 노선을 고수하며 색상은 전반적으로 회색이나 파란색 계통이 주류였다. 영연방 제국에는 지금도 영국의 영향을 받은 디자인이 많다. 녹색을 유지한 국가는 중국, 한국, 러시아, 베트남, 니제르 등 소수에 불과했다.

❀ 그림 14-5: 팔로군 여성 병사

❀ 그림 14-6: 중국 무장 경찰부대 여성 장교

중국 인민해방군 육군은 그 전신인 팔로군 시대에는 스카이 블루 색상을 주로 사용했으나(그림 14-5) 1949년 마오쩌둥이 녹색을 채용한 이래 2007년 제복 전면 개정 당시에도 이 전통을 답습했다. 중국군 중에서도 경찰권과 군사력을 모두 가진 무장 경찰부대(그림 14-6)는 녹색 바탕에 황금색 선이 들어간 제복이 특징이다.

한국 육군은 1958년 정복에 채용된 녹색을 사용하고 있다. 1954년 미 육군이 녹색을 채용한 직후부터 이 색상을 사용한 것으로 알려지는데 냉전 시대부터 다갈색을 고수해온 북한이나 소련군과의 차별화라는 의식도 강하게 작용했을 것이다.

소련 육군의 정복은 1958년에 1943년부터 채용한 스탠드 칼라형에서 오픈 칼라형에 넥타이를 착용하는 군복으로 개정했으며 줄곧 다갈색을 사용했다. 소련 붕괴 후, 러시아 육군은 1992년 옐친 정권 하에서 녹색으로 변경했다. 녹색은 러시아 제국, 표트르 대제 시대부터 사용해온 색으로 냉전 시대에 미국에 빼앗긴 색을 되찾고 원점으로 돌아간 것이라고 할 수 있다. 2008년 푸틴 정권 시대에는 제정 말기를 연상시키는 올리브가 섞인 녹색 예복과 영내복 그리고 푸른색을 띤 녹색 퍼레이드 예복을 채용해 제정 시대로의 회귀를 진전시켰다.

러시아군 장교의 군모가 유독 큰 것은 구소련 시대 말기 극동의 해군 관구에서 시작된 유행이었는데 당시에는 군모의 크기에 대한 규정이 없었기 때문인 듯하다.

✤ 일본 육상자위대 제복의 역사

일본의 자위대는 군대가 아니지만 국제적으로 군사 조직으로 인식되고 있으며 그 제복의 변천도 복잡한 국내 사정과 국제 관계의 변화와 무관하지 않다.

1950년 발족한 경찰 예비대와 보안대 시절의 제복은 미 육군에서 제공한 군복이었다. 미 육군은 1954년 종래의 올리브 드래브 색상 정복을 폐지하고 녹색의 그린 서비스 유니폼으로 바꾸었기 때문에 이전 제복과 원단의 재고를 일본에 공급했다. 1954년 육상자위대가 발족했을 때도 미군에서 공급한 M44 아이크 재킷과 제모를 사용했다(그림 14-7). 1952년 보안대에 입대한 최초의 여성이 나오면서 일본 최초의 여성 제복(그림 14-8)이 등장했다. 이것도 미군의 여성용 군복을 제공받은 것이라 사이즈가 꽤 컸다.

처음으로 독자적인 제복으로 제정된 58식 정복(그림 14-9)은 경찰관 같은 스타일의 감회색 제복이었다. 당시는 미일 안보 개정으로 안보 투쟁의 바람이 거센 시절이었다. 미군을 상기시키는 올리브 드래브 색상 대신 당시로서는 군복의 인상이 강하지 않은 감색 계통을 선택한 것으로 보인다. 여성용(그림 14-10) 더블 상의는 항공사 제복 같은 인상을 준다.

70식 정복(그림 14-11)은 상당 부분 군복에 가까워졌다. 모장도 비둘기 마크에서 과거 일본군 근위사단의 마크와 비슷한 디자인으로 변경되었다. 흔치 않은 회갈색 제복으로 58식보다 군사 조직다운 인상을 주고 싶었던 것으로 보인다. 여성용(그림 14-12)은 단추 6개가 달린 상의가 눈에 띈다. 또 여성용 70식 겨울 정모는 상당히 독특한 형태의 모자가 채용되었다.
반응도 그리 좋지 않았는
지 이후의 복제 자료
를 보면 1980년대에
는 여름용 71식 정모
를 쓰는 규정이 있
었다. 70식 정모의
수명은 길지 않았던
듯하다.

1991년 미 육군의
그린 서비스 유니폼과
매우 비슷한 91식 정복
(그림 14-13)이 등장했다.
걸프전 이후 유엔 평화유
지 활동에 참가한 시대로
자위대를 둘러싼 정치
적, 국제적 환경이 크
게 바뀐 것이 배경이
었던 것으로 보인다.

✤ 그림 14-7: 일본의 육상
자위대 대원(1954년)

⚜ 그림 14-8: 일본의
보안대 여성대원(1953년)

2018년 16식 정복(그림 1-1)에 녹색을 폐지하고 자주색을 채용한 것
도 국제적인 군장계의 변화가 반영된 것이라고 할 수 있다. 1873년
육군의 정복은 짙은 감색으로 장성용 장식에 보라색을 사용했다. 감
색 세동은 일찍이 일본의 전통색으로 불리며 '승리를 상징하는 색'으

✤ 그림 14-11:
70식 정복(남성용)

✤ 그림 14-9: 58식
정복(남성용)

✤ 그림 14-10: 58식
정복(여성용)

✤ 그림 14-12:
70식 정복(여성용)

로 무가에서 즐겨 사용했다. 메이지 육군에서도 '승리의 색'으로 불리었다. 또 보라색은 고대 시대부터 칙허가 없으면 사용할 수 없는 금색(禁色)으로, 최상급 귀족이 사용한 고귀한 색이었다. 가마쿠리 시대 이후에는 무가에서도 귀히 쓰였으며 정이대장군의 전용 색이기도 했다.

물론, 현대의 정복에 자주색이 채용된 직접적인 이유가 메이지 육군으로의 회귀는 아니지만 원점 회귀 경향이 강하게 나타나는 작금의 세계 군장계의 추세로 볼 때 유서 깊은 전통색을 의식한 이번 개정은 국제적으로도 납득이 가는 변화로 생각된다.

✤ 그림 14-13:
91식 정복(남성용)

✤ 더욱 화려해진 의장복

의장복은 실전에서 가장 거리가 먼 군복이다. 외교 의례 자리에서 국가 원수나 국빈을 응대할 때 착용하는 제복으로 군대의 중요한 평시 업무 중 하나이다. 의장대 제복은 보통 정복이 아닌 역사적 복장이나 특별히 디자인된 예복이다. 1850년대부터 일관되게 '진홍색 튜닉'을 착용하는 영국의 근위병이나 같은 시기 제정 시대의 군장을 계승해 견장, 원통형 모자, 빨간색 바지를 착용하는 프랑스군의 의장대 등 유럽의 역사 깊은 국가에서는 대체로 19세기에 사용된 전통적인 군장을 세승하고 있다.

❧ 그림 14-14: 몽골 국군
의장대원

❧ 그림 14-15: 특별 의장복 신형(왼쪽)과 구형

　세계의 정복이 수수한 색상에서 벗어나 다소 화려하고 복고적인
방향으로 변화하고 있는 상황에서 의장복은 그런 경향이 한층 뚜렷
하게 나타난다. 예컨대, 1991년 노태우 정권 하의 한국에서는 국빈
을 응대할 때 조선 왕조 시대의 무관을 재현한 '전통 복식'을 착용했
다. 러시아군에서는 2006년 5월 대통령 궁전연대가 제정 시대를 연

상시키는 샤코와 견장을 갖춘 복고적인 스탠드 칼라형 군장으로 개정했으며 2008년에는 제154독립경비연대의 의장복도 제정 시대 경기병의 예복을 재현한 것으로 변경했다. 같은 해 9월, 몽골 국군 의장대(그림 14-14)는 칭기즈 칸 시대 몽골 제국의 갑옷을 연상시키는 양식을 채용해 세계를 놀라게 했다. 일본의 육상자위대도 2017년 특별 의장복을 개정(그림 14-15)해 전에 없는 신선한 이미지를 선보였다. 신형 의장복은 일본을 대표하는 디자이너 고시노 준코의 감수로 현대 일본 문화의 모던함과 군장의 전통을 계승하는 국제 국가의 이미지를 담아냈다. 프러시안 블루 색상은 19세기적 로망과 미의식을 나타내며 빨간색 선은 일본 국장의 색을 표현했다. 전체적으로 경기병의 예복을 연상시키는 한편 한쪽에만 단추를 배치한 대담한 디자인으로 전통과 현대성을 겸한 현대 일본에 걸맞은 제복이다.

✤ 미 육군의 새롭고 전통적인 신식 제복

미국 육군은 오랫동안 사용해온 녹색 정복 GSU를 폐지하고 2015년 감색의 ASU로 개정한 후 2017년 초겨울 또 한 번 새로운 근무복 도입을 발표했다. 제2차 세계대전 때부터 한국 전쟁 시대에 착용했던 클래스A 근무복을 이미지한 제복으로, 정식 명칭은 아미 그린 유니폼(AGU, Army Green Uniform) 통칭 '핑크&그린'(그림 14-16-1, 2)이다.

상의는 올리브 드래브 색상으로 '그린'이라고 불리기는 하지만 구형 녹색과는 전혀 다르며 실제 색상은 갈색에 가깝다. 세계대전 당

❀ 그림 14-16-1, 2: 아미 그린 유니폼(핑크&그린)

시의 군복과 같은 초콜릿색이다. '핑크'라고 불리는 바지와 스커트는
빨간색을 띤 베이지색이다. 벨트와 갈색 가죽으로 된 차양이 달린
제모를 채용하고 약모는 전후 주류가 되었던 베레모가 아니라 대전

🌸 그림 14-17: 영국 여성 해군 2등 사관(대위에 해당. 제2차 세계대전 당시)

중에도 착용했던 배 모양의 개리슨모를 부활시키는 등 그야말로 미군의 전성기를 떠올리게 하는 군장이다. 당시의 육군 참모 총장 조지 마셜 원수의 군장을 재현하는 것이 주제였다고 발표했다. 2019년 6월 6일, 일부에서 정식 착용을 시작해 이듬해 6월에는 일반 대원에게도 보급되었다.

ASU는 핑크&그린이 제식화된 후에도 폐지되지 않고 순차적으로 예복으로 승격되어 의례 및 의장 석상에서 계속 사용될 전망이다.

한편, 여성이 군에 본격적으로 참가한 것은 영국으로 영국 육군에서는 1938년 창설된 여성 보조지방의용군(Auxiliary Territorial Service) 당시부터 남성과 동일한 형태의 상의(단추의 배치도 남성과 같은 오른쪽 여밈)를 제정하고 남성과 비슷한 스타일의 제모를 채용했다. 실제 당초에는 부드러운 형상의 모자였는데 여성 대원들이 남성용과 같이 탄력이 있는 형태로 만들기 위해 철사 등을 넣어 성형하는 것이 유행이었다고 한다. 한편, 해군은 1917년 창설된 영국 여성 해군(Women's Royal Naval Service)의 제모로 18세기풍 삼각모(트리코른)

❖ 그림 14-18: 미 공군의 여성 장성용 제모
(신형)

❖ 그림 14-19: 미 해군의 여성 장성용 제모
(신형)

를 채용했다(그림 14-17). 당시 여성은 보조 대원 정도로 취급하는 일
이 많았기 때문에 여성 장교의 위엄을 강조한 군장은 고려되지 않았
던 듯하다.

그 후, 각국 군대의 여성용 제모는 남성과 동일하거나 여성용 삼각
모를 채용한 나라로 나뉜다. 미군은 오랫동안 후자의 입장이었으나
2010년대 미 공군에 여성 대장이 등장하면서 장성용 제모를 채용했
다(그림 14-18). 2016년에는 미 해병대, 2017년에는 미 해군에서도 남
녀의 군모를 통일했으며(그림 14-19) 제복 일부도 남녀의 형식을 통일
하는 개정이 이루어졌다.

미 육군은 2007년 제복 개정 당시에는 남녀의 제복을 통일하지 않
았지만 2019년 도입된 신형 정복 아미 그린 유니폼은 남녀가 동일한
군모를 착용하게 되었다. 종래의 리본형 넥 탭을 폐지하고 남녀 모

두 동일한 형태의 넥타이를 채용했으며 약모도 남성과 같은 배 모양의 개리슨모를 착용했다. 구두는 정복에 신는 펌프스뿐이었는데 신형 제복에서는 스트랩 슈즈를 추가해 스커트를 착용할 때는 펌프스, 바지를 착용할 때는 스트랩 슈즈 등으로 선택할 수 있게 되었다. 스커트의 형태도 펜슬형 즉, 타이트한 형태로 변경되었는데 이것도 여성 대원의 요구에 따른 것이었다고 한다.

여군의 복제에 대해 마크 밀리 육군 참모총장(그 후, 통합 참모본부 의장)은 '전통적인 군복의 강인한 인상을 유지하면서 최신 소재를 활용한 착용감을 중시하고 여성의 군복은 최대한 남성과 같은 형태로 만들 것'을 요구했다. 미군에서 볼 수 있는 '복장의 유니섹스화'는 향후 전 세계 군복의 트렌드가 될 듯하다.

미군은 2019년 8월 공군 산하의 우주군을 대신할 통합군 '미국 우주사령부(United States Space Command)'를 발족시켜 같은 해 말에는 육해군 등과 동등한 독립군으로서의 '미국 우주군(United States Space Force)'으로 승격시켰다. 창설 당초에는 새로운 제복을 채용하는 대신 모체인 공군의 군복을 착용했는데 향후에는 독자적인 색채가 강조될 것이다. 앞으로는 각국에서 우주를 무대로 한 새로운 군종 및 병과가 탄생할 것으로 예상된다. 과연 그 제복은 영화 〈스타워즈〉나 〈스타트렉〉에 등장할 법한 SF적인 디자인일까 아니면 의외로 정통파에 가까운 전통적인 디자인일까. 많은 이들의 관심이 쏠리고 있다.

맺음말

이전에도 군복과 신사복의 역사를 해설하는 책을 써왔지만 이번에는 실제 전장에서 격돌한 이들이 어떤 복장을 입었는지에 중점을 두고 풀어나갔다. 전기물과 같은 묘사를 늘리고 읽을거리로서의 흥미도 추구해보았는데 어땠을지 모르겠다.

구스타브 2세 아돌프, 루이 14세, 프리드리히 대왕, 나폴레옹, 넬슨, 웰링턴 공 등의 유명한 영웅들의 시대에 대해서는 그들의 인생과 전력 그리고 시대적 배경을 알아보고 실제 그들이 활약한 전장을 떠올려봄으로써 그들이 왜 그런 복장을 채용하고 고집했는지 이해할 수 있었을 것이라고 생각한다. 이 책에서는 그들의 영웅적인 면모가 완성되기 이전의 시대, 미숙한 지휘관으로서의 데뷔전 시기의 양상에 특히 집중했다. 카리스마 넘치는 리더의 개성을 군복이 시각적인 측면에서 뒷받침해주었던 것이 19세기 전반까지의 전쟁이었다.

전쟁이 현대화된 19세기 후반 이후는 군복의 색상도 단조롭게 바뀌고 인물의 개성도 크게 드러나지 않게 되었다. 전쟁의 규모가 점점 거대화되고 시스템화되면서 토벌에 가까운 양상으로 바뀔수록 군복도 변질되어가는 모습을 표현하려고 노력했다. 현대에 가까워질수록 복잡한 요소가 늘어나 표현이 힘들어진 것도 사실이다.

화기의 발달이 근대식 군복을 탄생시켰다고 말했듯 앞으로는 점점 더 미래적인 무기가 등장해 우주를 무대로 한 SF영화와 같은 세계가 현실화될 것이다. 당연히 그에 걸맞은 새로운 제복도 등장할 것이다. 하지만 동서 진영의 획일화된 냉전이 막을 내린 현대 세계의 군복에는 국가의 민족적 정체성, 문화, 긍지, 전통을 전면에 내세운 독자성이 강하게 요구되어왔다.

군복의 연구 이른바, 유니포몰로지라는 것이 단순히 편집적인 군장 수집 따위가 아닌 정치사적이고 문화사적인 측면의 학문이라는 것을 이 책을 통해 이해할 수 있었다면 더없이 기쁠 것이다.

이 책에는 로마자를 함께 표기한 용어가 다수 등장하는데 이는 복식은 물론 애니메이션, 게임, 만화 제작 등의 현장에서 종사하는 분들이 이를 참고해 더 자세한 조사와 이해에 도움이 되기를 바라는 마음에서이다. 등장인물이 남긴 말도 원어와 함께 소개한 부분이 있는데 간혹 번역 과정에서 뉘앙스가 다르게 전해지는 사례가 있어 실제 그 인물이 했던 말을 정확히 전달하고 싶었기 때문이다.

다시 한 번, 우리의 스승이자 역사 복원 화가 나카니시 릿타 선생의 선구적인 업적에 사의를 표하는 바이다. 또한 쓰지모토 레이코의 작화 스승 오레키 호타로 선생에게도 깊은 감사를 전한다. 집필에 협력해준 방위성 육상막료감부, 육상자위대 수품학교 여러분에게도 깊은 감사를 드린다. 가와데 쇼보 편집부의 와타나베 시에 씨에게도 감사의 인사를 전하는 바이다. 마지막으로 이 책을 읽어주신 모든 독자 여러분에게 깊은 감사를 전한다.

2021년 2월 18일
쓰지모토 요시후미, 쓰지모토 레이코

군인의 계급과 군대의 편성

❀ 군인의 계급 입문

군인의 계급은 유럽과 미국에서는 16세기경부터 나타나 18세기 후반까지 정비되었다.

다음의 표는 어디까지나 이해를 돕기 위한 자료로, 나라와 시대에 따른 군인의 계급을 단순 비교할 수는 없다. 당연히 민간 기업과도 그대로 비교할 수 없다. 관청이나 참모 본부 등의 공무원으로서의 직위에 대응하는 계급도 조직에 따라 다르다. 일본의 방위청에서 부장은 장보, 과장, 반장은 1좌, 계장은 2좌, 담당은 3좌가 맡는다.

독일 국방군 육군의 부사관 계급은 더욱 복잡하며 대표적인 계급만 열거했다.

일본군의 원수는 정확하게는 계급이 아니라 일부 대장에게만 수여되는 칭호이다.

일본 자위대의 통합 막료장과 막료장은 계급은 장이지만 실질적으로 대장급이다.

일본 자위대의 계급은 육·해·공 별로 해장보, 1등 육좌, 3등 해위, 2등 공조 등으로 나타내는 것이 정식이지만 일반적으로 장보, 1좌, 3위, 2조 등으로 부른다.

준장(해군에서는 대장이라고도 한다)은 나라에 따라 장성급 혹은 영관의 최상위급인 경우도 있다.

기업에서의 직위를 예로 들면 장성＝중역·임원, 영관＝관리직, 위관＝중간 관리직, 준사관·부사관＝지도 사원, 병졸＝일반 사원과 같은 식이다. 위관급 이상의 관리직이나 임원에 해당하는 것이 장교로 부사관 이하는 부사관 및 병으로 불린다.

표1: 군인의 계급

기업	구분	일본 육군	자위대	영국 육군	독일 국방군 육군
회장	장성	원수	—	Field Marshal	Generalfeldmarschall
		상급 대장※	—	—	Generaloberst
사장		대장	통합 막료장, 막료장	General	General
중역		중장	장	Lieutenant General	Generalleutnant
		소장	장보	Major General	Generalmajor
집행 임원		준장※	—	Brigadier	—
부장	사관	대좌	1좌	Colonel	Oberst
차장		중좌	2좌	Lieutenant Colonel	Oberstleutnant
과장		소좌	3좌	Major	Major
계장	위관	대위	1위	Captain	Hauptmann
주임		중위	2위	Lieutenant	Oberleutnant
		소위	3위	Second Lieutenant	Leutnant
	준사관	준위	준위	Warrant Officer	Stabsfeldwebel
지도 사원	부사관	조장	조장	Staff Sergeant	Hauptfeldwebel
		군조	1조, 2조	Sergeant	Feldwebel
		오장	3조	—	Unterfeldwebel
일반 사원	병졸	병장	사장	Corporal	Obergefreiter
		상등병	1사	Lance Corporal	Gefreiter
		일등병	2사	Private(Class 1-3)	Oberschütze
시용 사원		이등병	—	Private Class 4	Schütze

※일본군에는 없던 계급

표2: 군대의 편성

지휘관	계급	부하의 수	
분대장	부사관(주로 군조)	분대	약 10명
소대장	중위~조장(주로 소위)	소대	약 50명
중대장	소좌~중위(주로 대위)	중대	약 200명
대대장	중좌~소좌(주로 소좌)	대대	약 500명
연대장	대좌~중좌(주로 대좌)	연대	약 2,000명
여단장	소장~준장(주로 준장)	여단	약 5,000명
사단장	중장~소장	사단	약 1만~2만 명
군단장	원수~중장(주로 대장)	군단	수만 명
군사령관	원수~대장	군	약 10만 명
방면군, 군집단 사령관	원수~대장	방면군, 군집단	수십 만~100만 명 전후

편성 및 인원 수, 지휘관의 계급은 국가와 시대에 따라 차이가 있으므로 어디까지나 참고로 삼기 바란다.

전쟁과 군복의 역사·관련 연표

기원전 3,000년경	수메르 군인이 망토, 스커트와 함께 통일적인 장비를 갖춘 모습으로 그려져 있다.
기원전 492~ 기원전 449	페르시아 전쟁. 고대 그리스 병사는 중장보병, 페르시아 병사는 긴 바지를 착용.
기원전 334~ 기원전 323	알렉산드로스 대왕의 동방원정. 장비품의 지급이 확립.
기원전 27	로마 제정 개시. 이 시기, 로마군이 상비제를 채용. 장비의 표준화가 진행되어 로리타 세그멘타타 판갑, 군용 샌들 칼리가, 넥타이의 원조 포칼레, 종군 기장 팔레라 등이 전파.
258년경	파리에서 생 드니가 순교.
395	로마 제국의 동서 분열.
476	서로마 제국 멸망.
1096~1270	십자군 시대. 이 시기, 기사 수도회가 문장을 제정, 훈장 제도의 원형이 되었다.
1185	단노우라에서 타이라 가문이 멸망하고 가마쿠라 막부 성립.
1206	칭기즈 칸이 몽골 제국의 대칸으로 즉위.
1299	오스만 제국 건국.
1337~1453	백년 전쟁. 영국(잉글랜드)과 프랑스가 격돌.
1348	에드워드 3세가 가터 훈장 제정. 최초의 근대적 훈장. 이 시기, 흑태자 에드워드가 활약. 신식 갑옷 플레이트 아머 등장. 신사용 상의로 더블릿 보급.
1389	코소보 전투. 세르비아 등의 연합군이 오스만군에 패배.
15세기	성직자와 학생들 사이에 차양이 없는 모자가 유행, 군모의 기원이 되었다.
1453	오스만군이 콘스탄티노플 점령. 동로마 제국 멸망.
1477	낭시 전투에서 부르고뉴공 샤를이 스위스 용병에 패배. 이후, 전 유럽에서 슬래시 패션이 유행.
1525	독일 기사단 해체. 프로이센 공국 성립.
1527	크로아티아 일부가 오스트리아의 지배를 받게 된다.

1529	오스만군의 빈 포위.
1541	오스만 제국의 헝가리 병합.
1568~1648	80년 전쟁. 네덜란드에서 마우리츠 판 오라녜가 군제 개혁.
1603	도쿠가와 막부 성립.
1618~1648	30년 전쟁. 독일에서 전란이 계속된다.
1625	스웨덴 왕 구스타브 2세 아돌프가 근대식 군복 제정.
1632	리첸 전투. 구스타브 2세 아돌프 전사.
1633	크로아티아 용병이 프랑스군 의용병으로 참가. 크라바트 보급의 계기가 되었다.
1642~1649	청교도 혁명.
1645	크롬웰의 신모범군이 빨간색 제복을 채용. 국가색을 선구적으로 채용했다.
1660	영국의 왕정복고.
1661	루이 14세의 친정 개시. 거의 동시에 프랑스군의 제복 개정.
1666	찰스 2세가 궁정의 복장 개혁. 쥐스토코르가 신사의 표준복으로 정착.
1669	프랑스 해군이 사관용 제복 제정. 세계 최초의 해군 군복.
1683	오스만군의 제2차 빈 포위. 폴란드 유익기병의 활약.
1692	스틴케르케 전투. 같은 해, 헝가리 경기병 후사르가 프랑스군에 참가. 늑골복이 유럽에 보급.
1701	프로이센 왕국 건국. 이전 시기에 군복의 색을 파란색으로 변경. 이 시기, 삼각모가 전 유럽에 보급되었다.
1702경	러시아의 표트르 대제가 근위 연대에 녹색 군복을 채용.
1740	프로이센의 프리드리히 2세(대왕)가 즉위. 다음해 몰비츠 전투.
1740	마리아 테레지아의 오스트리아 대공 즉위. 흰색 군복을 정식 채용.
1748	영국 해군의 앤슨 제독이 사관의 제복 제정.
1759	프랑스군에서 견장(에폴렛)을 계급장으로 사용하기 시작했다.
1775~1783	미국 독립 전쟁. 1779년 워싱턴이 프로이센풍의 파란색 군복을 채용.
1785	폴란드군 창기병 울란이 신형 제복을 채용.
1789~1799	프랑스 혁명. 삼각모 대신 이각모가 보급되었다.
1795	폴란드 왕국 멸망.
1796	아르콜레 전투에서 나폴레옹이 두각을 드러냈다.
1799	나폴레옹이 제1집정으로 취임.
1799~1815	나폴레옹 전쟁.

1801	프랑스군이 샤코(원통형 모자)를 채용.
1802	나폴레옹이 레지옹 도뇌르 훈장 제정.
1804	나폴레옹이 프랑스 황제로 즉위.
1805	트라팔가르 해전에서 넬슨 제독 전사.
1806	프로이센의 루이제 왕비가 최초의 여성용 군복을 착용. 동군에서 장성용 견식 도입.
1811	영국 육군이 장성용 견식을 채용하고 건장을 폐지.
1813	프로이센에서 국민군 란트베어가 쉬르뮤츠를 군모로 채용. 철십자 훈장 제정. 블루처(외날개식) 구두를 착용하기 시작했다.
1815	워털루 전투. 웰링턴 공의 부관 래글런 남작의 부상.
1830	프랑스의 7월 혁명. 루이 필립 왕의 즉위. 프랑스군에 빨간색 바지가 정착하는 계기가 되었다.
1837	빅토리아 여왕의 시찰을 앞둔 영국 해군 군함 '블레이저'에서 선원의 제복을 제정(1845년이라는 말도 있다).
1848경	재인도 영국군에서 카키색 군복을 채용. 세계 최초의 보호색을 의식한 군복.
1853~1856	크림 전쟁. 래글런 남작이 영국군의 사령관을 맡았다. 1854년의 발라클라바 전투에서 카디건 백작이 부상. 1855년의 세바스토폴 공방전에서 프랑스군의 주아브 병사가 활약한다.
1853	미국의 매튜 페리 대장이 이끄는 흑선의 일본 내항.
1857	영국 해군이 수병에게 세일러복의 지급을 개시.
1861~1865	미국 남북 전쟁.
1866	프로이센군이 매듭 끈을 이용한 약식 견장과 훈장의 약식 기장을 채용.
1868~1869	무진 전쟁
1870~1871	보불 전쟁. 프랑스가 완패하고 나폴레옹 3세가 퇴위. 독일 제국 성립.
1870	일본 해군의 복제 제정. 동시에 육군의 복제를 제정해 이듬해 어친병의 군복으로 채용.
1873	징병제를 채택한 일본 육군을 위한 복제 개정.
1877	세이난 전쟁에서 사이고 다카모리 전사.
1879	줄루 전쟁에서 영국군이 고전했다.
1898	미서 전쟁. 미 육군이 필리핀에서 치노즈 군복을 사용. 미 해군이 티셔츠를 채용.
1899~1902	보어 전쟁. 이 전쟁에서 영국 육군이 카키색 군복을 정식으로 사용.

1902	영국 육군이 전 군에 카키색 군복을 제식화.
1904~1905	러일 전쟁. 1905년 일본군이 카키색을 전시복으로 도입.
1907	독일군이 펠트그라우(녹회색) 색상의 군복 채용.
1914~1918	제1차 세계대전. 개전과 동시에 영국 육군이 장교용 '신사복형 군복' 채용.
1915	영국 육군이 M1915 헬멧 마크 I 도입.
1920	일본의 여학교가 세일러복을 통학복으로 도입.
1930	일본 육군이 쇼와 5년식 군복을 제식화. 미 육군이 넥타이를 채용.
1931	미 육군 항공대가 A-2 플라이트 재킷 채용. 지퍼 보급의 계기가 된다.
1932	나치 친위대가 검은색 제복을 제정.
1933	히틀러의 나치 정권 수립.
1934	독일 육군이 전차병용 특별 피복을 제정.
1936	나치 무장 친위대가 위장용 덧옷 개발. 독일 육군의 N1936 군복이 제식화.
1937	영국 육군에서 세계 최초의 전투복 배틀 드레스를 도입.
1938	일본 육군이 98식 군복을 제정.
1939~1945	제2차 세계대전. 1940년 미 육군이 M41 파슨스 재킷을 개발. 1943년, 소련군이 제정 시대풍의 군복으로 복고. 1943년 미 육군이 M43 재킷, 일본 육군이 3식 군복을 제식화. 1944년 미 육군이 M44 아이크 재킷을 채용.
1950~1953	한국 전쟁. 1951년 미 육군이 M51 재킷, M51 파카를 채용.
1954	미 육군이 그린 서비스 유니폼(GSU)을 채용. 미 공군은 MA-1 플라이트 재킷을 채용.
1954~1975	베트남 전쟁. 1965년 M65 재킷 채용.
1991	걸프 전쟁. 1981년 채용된 배틀 드레스 유니폼(BDU)이 유명해졌다. 같은 해, 일본 육상 자위대의 91식 정복 지급 개시.
1992	러시아 육군이 녹색 군복으로 회귀.
2003	이라크 전쟁.
2005	미군의 신소재 군복 아미 컴뱃 유니폼(ACU) 지급 개시.
2007	중국 인민해방군의 신형 제복 지급 개시.
2007	미 육군이 아미 서비스 유니폼(ASU)을 제식화.
2017	자위대가 신형 특별 의장복을 도입.
2018	육상 자위대의 16식 정복 지급 개시.
2019	미 육군이 아미 그린 유니폼(AGU)을 제식화.

주요 참고 문헌

※한정된 지면을 고려해 본의 아니게 절반 이하로 생략했다.

- 『자위대법 시행규칙(自衛隊法施行規則)』(쇼와29년 총리부령 제40호, 헤이세이 31년 방위성령 제6호에 따른 개정)
- 『패션의 역사(ファッションの歴史)』 J. 앤더슨 블랙, 매지 갈런드 저/야마우치 사오리 역 (1985년, PARCO출판)
- 『하디 에이미스의 영국의 신사복(ハーディ・エイミスのイギリスの紳士服)』 하디 에이미스 저/모리 히데키 역 (1997년, 다이슈칸쇼텐)
- 『남북 전쟁의 남군(南北戦争の南軍)』 필립 캐처 저/사이토 모토히코 역 (2001년, 신기겐샤)
- 『남북 전쟁의 북군(南北戦争の北軍)』 필립 캐처 저/사이토 모토히코 역 (2001년, 신기겐샤)
- 『고대 로마 군단 대백과(古代ローマ軍団大百科)』 에이드리언 골즈워디 저/이케다 유타카, 코바타 마사토미, 이케다 타로 역 (2005년, 도요쇼린)
- 『군복 변천사(軍服変遷史)』 시바타 쇼자부로 저 (1965년, 가쿠요쇼보)
- 『루이 14세의 군대(ルイ14世の軍隊)』 르네 샤르트랑 저/이나바 요시아키 역 (2000년, 신기겐샤)
- 『제2차 세계대전 각국 군장 총 가이드(第2次大戦各国軍装全ガイド)』 피터 달만 저/미시마 미즈호 감역, 기타지마 마모루 역 (1999년, 나미키쇼보)
- 『군장·복식사 컬러 도감(軍装・服飾史カラー図鑑)』 쓰지모토 요시후미, 쓰지모토 레이코 저 (2016년, 이카로스출판)
- 『도설 군복의 역사 5,000년(図説軍服の歴史5000年)』 쓰지모토 요시후미, 쓰지모토 레이코 저 (2012년, 사이류샤)
- 『제2차 세계대전 독일 군장 가이드(第2次大戦ドイツ軍装ガイド)』 장 드 라가르드 저/이시이 모토아키 감역, 고토 슈이치, 기타지마 마모루 역 (2008년, 나미키쇼보)
- 『일본의 군장 1930~1945(日本の軍装 1930-1945)』 나카니시 릿타 저 (1991년, 대일본회화)
- 『일본의 군장 막부에서 러일전쟁(日本の軍装―幕末から日露戦争)』 나카니시 릿타 저 (2006년, 대일본회화)
- 『웰링턴의 장군들(ウェリントンの将軍たち)』 마이클 바소프 저/호리 가즈코 역 (2001년, 신기겐샤)
- 『서양 코스튬 대전(西洋コスチューム大全)』 존 피콕 저/바벨인터내쇼널 역 (1994년, 그래픽사)
- 『나폴레옹의 경기병(ナポレオンの軽騎兵)』 아미르 부하리 저/사토 도시유키 역 (2001년, 신기겐샤)
- 『나폴레옹의 원사들(ナポレオンの元帥たち)』 아미르 부하리 저/고마키 다이스케 역 (2001년, 신기겐샤)
- 『구스타브 아돌프의 보병(グスタヴ・アドルフの歩兵)』 리처드 브레진스키 저/고바야시 스미코 역 (2001년, 신기겐샤)
- 『프리드리히 대왕의 보병(フリードリヒ大王の歩兵)』 필립 헤이손스웨이트 저/이나바 요시아키 역 (2001년, 신기겐샤)

- 『패션의 역사(ファッションの歴史)』블랑쉬 페인 저/고가 게이코 역 (2006년, 아사카쇼보)
- 『도설 서양 갑옷무기 사전(図説西洋甲冑武器事典)』미우라 시게토시 저 (2000년, 가시와쇼보)
- 『전장의 스위스 병사(戦場のスイス兵)』더글러스 밀러 저/스다 부로 역 (2001년, 신기겐샤)
- 『일본 해군 군장 도감(日本海軍軍装図鑑)』야규 에쓰코 저 (2003년, 나미키쇼보)
- 『제복의 제국(制服の帝国)』야마시타 에이이치로 저 (2010년, 사이류샤)
- 『화려한 나폴레옹군의 군복(華麗なるナポレオン軍の軍服)』루시앙 루슬로 저, 쓰지모토 요시후미, 쓰지모토 레이코 감수번역 (2014년, 마루샤)

- Hanne Bahra, 'Königin Luise: Von der Provinzprinzessin zum preußischen Mythos', München Bucher 2010
- Richard Brzezinski, 'Polish Winged Hussar 1576–1775', Osprey 2006
- Terry Brighton, 'Hell Riders: The True Story of the Charge of the Light Brigade', Henry Holt and Co 2004
- L. P. Brockett, 'Our Great Captains: Grant, Sherman, Thomas, Sheridan, and Farragut(1865)', Kessinger Publishing 2010
- Mike Chappell, 'The British Army in World War I (1): The Western Front 1914–16', Osprey 2003
- Edward Shepherd Creasy, 'The Fifteen Decisive Battles of the World: From Marathon to Waterloo', Dover Publications 2008
- Alice Marie Crossland. 'Wellington's Dearest Georgy: The Life and Loves of Lady Georgiana Lennox', Universe Press 2017
- Terry Crowdy, 'French Revolutionary Infantry 1789–1802', Osprey 2004
- Gabriel Daniel, 'Histoire de la milice françoise(Éd.1721)', Hachette Livre BNF 2012
- John Doran, 'Miscellaneous Works Volume I: Habits and Men'Redfield 1857
- Gregory Fremont-Barnes, 'Nelson's Officers and Midshipmen', Osprey 2009
- Ulysses S. Grant, 'The Personal Memoirs of Ulysses S. Grant', Webster & Company 1885
- Herzeleide Henning, 'Bibliographie Friedrich der Grosse 1786-1986', De Gruyter 1988
- Ulrich Herr, Jens Nguyen, 'The German Generals. as well as the War Ministries and General Staffs from 1871 to 1914', Verlag Militaria 2012
- Israel Hoppe, 'Geschichte des ersten schwedisch-polnischen Krieges in Preussen', Duncker & Humblot 1887
- Peter Jung, 'The Austro-Hungarian Forces in World War I (2): 1916–18', Osprey 2003
- Reinhold Koser, 'Katte, Hans Hermann von Allgemeine Deutsche Biographie', Duncker & Humblot 1882
- Diebold Schilling, 'Die Luzerner Chronik des Diebold Schilling. Acht

Motive aus der Geschichte Alt-Luzerns 1513', Faksimile-Verlag 1977
- Michael Solka, 'German Armies 1870–71 (1): Prussia', Osprey 2004
- Laurence Spring, 'Russian Grenadiers and Infantry 1799–1815', Osprey 2002
- Rachel Sherman Thorndike, 'The Sherman Letters', Biblio Life 2009
- Barbara W. Tuchman, 'The Guns of August', Presidio Press 2004
- Edgar Vincent, 'Nelson: Love and Fame', Yale University Press 2004
- Ludwig Heinrich Dyck, 'The 1683 Relief Battle of Vienna: Islam at Vienna's Gates', Military Heritage Oct.2002s
- Meghann Myers, "Is this the rollout plan for the 'pinks and greens'? The Army says nothing is final.", Army Times May 14, 2018

쓰지모토 레이코 일러스트 일람

※는 이 책에 싣기 위해 새롭게 그린 일러스트

주(註): 〈슈신(修親)〉은 일본 육상자위대 간부급 친목 단체에서 발행하는 회보. 〈Always〉는 경비회사 ALSOK가 발행하는 계간지로, 둘 다 비매품.

1-1 : ※남성용의 출전은 「슈신」 2018년 8월호	1-16 : ※	
	1-17 : 출전『군장·복식사 컬러 도감』 2016년	
1-2- ※임부복의 출전은 「슈신」 2018년	1-18 : ※	
1-3 : 9월호	1-19 : 출전『군장·복식사 컬러 도감』 2016년	
1-3 : 출전『군장·복식사 컬러 도감』 2016년	1-20 : 출전『군장·복식사 컬러 도감』 2016년	
1-4 : ※	1-21 : ※	
1-5 : ※	1-22 : ※	
1-9 : ※	1-23 : ※	
1-12 : ※	1-25 : 출전『군장·복식사 컬러 도감』 2016	
1-15 : 출전 「슈신」 2018년 10월호	1-28 : ※	

2-1 : 출전 「복식 문화학회 강연회 군복
　　　그 역사와 삽화」 자료 도쿄 가정대학
　　　2017년

2-2 : ※

2-3 : 출전 『군장·복식사 컬러 도감』 2016년

2-4-1 : 출전 「Always」 No.66 2020년 봄호

2-4-2 : ※

2-6 : ※

2-7 : ※

2-8 : 출전 『군장·복식사 컬러 도감』 2016년

3-1 : 출전 『복식 문화학회 강연회 자료』
　　　2017년

3-2 : 출전 『복식 문화학회 강연회 자료』
　　　2017년

4-3 : 출전 『군장·복식사 컬러 도감』 2016년

4-4 : 출전 『군장·복식사 컬러 도감』 2016년

4-5 : 출전 『군장·복식사 컬러 도감』 2016년

4-6 : ※

4-8 : 출전 『군장·복식사 컬러 도감』 2016년

5-5 : ※

5-6 : ※

5-9 : 출전 「Always」 No.64 2019년 가을호

5-11 : 출전 『군장 ·복식사 컬러 도감』 2016년

6-2 : ※

6-3 : ※

6-9 : 출전 『슈신』 2018년 8월호

6-24 : 출전 『군장·복식사 컬러 도감』 2016년

6-25 : ※

7-5 : 출전 『군장·복식사 컬러 도감』 2016년

7-8-2 : 출전 「Always」 No.67 2020년 여름호

7-13 : ※

7-14 : 출전 「복식 문화학회 강연회 자료」
　　　2017년

7-15 : ※

7-16 : ※

7-17 : ※

7-18 : ※

7-19 : ※

7-20 : 출전 『군장·복식사 컬러 도감』 2016년

7-21 : 출전 「복식 문화학회 강연회 자료」
　　　2017년

7-22 : 출전 「복식 문화학회 강연회 자료」
　　　2017년

7-24 : 출전 『군장·복식사 컬러 도감』 2016년

8-1 : 출전 『군장·복식사 컬러 도감』 2016년

8-10 : ※

9-4 : 출전 『군장·복식사 컬러 도감』
　　　2016년

9-6 : 출전 『군장·복식사 컬러 도감』
　　　2016년

9-10 : 출전 「Always」 No.65 2019년 겨울호

9-16 : 출전 『도설 군복의 역사 5,000년』
　　　2012년

9-23 : ※

10-3 : 출전 『군장·복식사 컬러 도감』 2016년

10-4 : ※

10-5 : ※

10-6 : 출전 『군장·복식사 컬러 도감』 2016년

10-8 : 출전 『군장·복식사 컬러 도감』 2016년

10-12 : ※

10-15 : ※

10-16 : 출전 『슈신』 2018년 8월호

11-3 : 출전 육상자위대 군수학교 교재
　　　자료 2019년

11-4 : 출전 육상자위대 군수학교 교재
　　　자료 2019년

11-5 : 출전 육상자위대 군수학교 교재
　　　자료 2019년

11-6 : 출전 육상자위대 군수학교 교재
　　　자료 2019년

12-1 : ※

12-2 : 출전 『도설 군복의 역사 5,000년』 201

12-3 : 출전 『군장·복식사 컬러 도감』
　　　2016년

12-11: 출전 육상자위대 군수학교 교재 자료 2019년

12-12: 출전『군장·복식사 컬러 도감』 2016년

12-13: 출전『군장·복식사 컬러 도감』 2016년

12-15: 출전『도설 군복의 역사 5,000년』 2012년

12-16: ※

13-5 : 출전『군장·복식사 컬러 도감』 2016년

13-6 : 출전『군장·복식사 컬러 도감』 2016년

13-7 : ※

13-8 : 출전『군장·복식사 컬러 도감』 2016년

13-12: 출전『군장·복식사 컬러 도감』 2016년

13-13 : 출전 육상자 위대 군수학교 교재 자료 2019년

13-14 : 출전『도설 군복의 역사 5,000년』 2012년

13-15 : 출전 육상자위대 군수학교 교재 자료 2019년

13-16 : 출전『도설 군복의 역사 5,000년』 2012년

14-1 : 출전『도설 군복의 역사 5,000년』 2012년

14-2 : 출전『도설 군복의 역사 5,000년』 2012년

14-3 : 출전『도설 군복의 역사 5,000년』 2012년

14-4 : 출전「슈신」2018년 8월호

14-5 : ※

14-6 : ※

14-7 : 출전 육상자위대 군수학교 교재 자료 2019년

14-8 : 출전 육상자위대 군수학교 교재 자료 2019년

14-9 : 출전 육상자위대 군수학교 교재 자료 2019년

14-10 : 출전 육상자위대 군수학교 교재 자료 2019년

14-11 : 출전 육상자위대 군수학교 교재 자료 2019년

14-12 : 출전 육상자위대 군수학교 교재 자료 2019년

14-13 : 출전「슈신」2018년 8월호

14-14 : 출전「슈신」2018년 10월호

14-15 : 출전「슈신」2018년 10월호

14-16-1 : 출전「슈신」2018년 8월호

14-16-2 : 출전「슈신」2018년 9월호

14-17 : 출전『도설 군복의 역사 5,000년』 2012년

14-18 : 출전「슈신」2018년 9월호

14-19 : 출전「슈신」2018년 9월호

쓰지모토 레이코 화구 일람

쓰지모토 레이코는 일러스트 제작에 컴퓨터와 CG를 사용하지 않는다. 이 책에 실린 일러스트에 사용된 화구는 다음과 같으며, 모두 손으로 직접 그린 수채화이다. 도화지 크기는 모두 A4판.

- 펜텔 수채화 물감
- Holbein 투명 수채화 물감
- 연필(각종 브랜드 제품)
- 수채 도화지(BB 켄트지, 코트만, 시넬리에 등)

전쟁과 군복의 역사

초판 1쇄 인쇄 2023년 3월 10일
초판 1쇄 발행 2023년 3월 15일

저자 : 쓰지모토 요시후미
그림 : 쓰지모토 레이코
번역 : 김효진

펴낸이 : 이동섭
편집 : 이민규
디자인 : 조세연
영업·마케팅 : 송정환, 조정훈
e-BOOK : 홍인표, 최정수, 서찬웅, 김은혜, 이홍비, 김영은, 정희철
관리 : 이윤미

㈜에이케이커뮤니케이션즈
등록 1996년 7월 9일(제302-1996-00026호)
주소 : 04002 서울 마포구 동교로 17안길 28, 2층
TEL : 02-702-7963~5 FAX : 02-702-7988
http://www.amusementkorea.co.kr

ISBN 979-11-274-6012-9 03900

ZUSETSU SENSO TO GUNPUKU NO REKISHI
© YOSHIFUMI TSUJIMOTO, REIKO TSUJIMOTO 2021
Originally published in Japan in 2021 by KAWADE SHOBO SHINSHA Ltd. Publishers, TOKYO,
Korean translation rights arranged with KAWADE SHOBO SHINSHA Ltd. Publishers, TOKYO,
through TOHAN CORPORATION, TOKYO.

창작을 위한 아이디어 자료

AK 트리비아 시리즈